Bücherei des Marxismus-Leninismus

W. I. Lenin

Über die Religion

Eine Auswahl

Dietz Verlag Berlin
1988

Der Ausgabe liegen folgende Editionsprinzipien zugrunde: Die Übersetzung der Texte ist der deutschen, nach der 4. russischen Ausgabe besorgten Ausgabe der Werke W. I. Lenins bzw. der nach der 5. russischen Ausgabe seiner Werke besorgten zehnbändigen Ausgabe der Briefe entnommen.

Alle in eckigen Klammern stehenden Wörter und Ziffern stammen von der Redaktion. Fußnoten Lenins sind durch hochgestellte Ziffern mit Stern, Fußnoten der Redaktion durch hochgestellte Ziffern gekennzeichnet. Von Lenin deutsch gebrauchte Wörter stehen in ‹›. Auf Anmerkungen wird durch hochstehende Ziffern in eckigen Klammern verwiesen. Für Hinweise auf Karl Marx/Friedrich Engels: Werke, Berlin 1956ff., in den Anmerkungen wird das Sigle MEW verwendet.

Der Verlag

Lenin, Vladimir Il'ič: Über die Religion : e. Ausw. /
W. I. Lenin. – 4. Aufl. – Berlin : Dietz Verl., 1988. –
176 S. : 3 Abb.
(Bücherei des Marxismus-Leninismus)
[Sammlung ⟨dt.⟩]

ISBN 3-320-00625-8

Mit 3 Abbildungen
4. Auflage 1988

Lizenznummer 1 · LSV 0056
Typographie: Horst Kinkel
Reihenentwurf: Gerhard Schmidt
Umschlag: Eberhard Felz
Printed in the German Democratic Republic
Fotosatz: (140) Druckerei Neues Deutschland Berlin
Druck und Bindearbeit:
Graphischer Großbetrieb Völkerfreundschaft Dresden
Best.-Nr.: 737 244 2

00170

Zu Grundlagen des marxistisch-leninistischen Atheismus

Aus: Materialismus und Empiriokritizismus

Kritische Bemerkungen über eine reaktionäre Philosophie[1]

Kapitel II
Die Erkenntnistheorie des Empiriokritizismus und des dialektischen Materialismus. II

4. Gibt es eine objektive Wahrheit?

...Bogdanows Verneinung der objektiven Wahrheit ist Agnostizismus und Subjektivismus. Die Absurdität dieser Verneinung erhellt schon aus dem oben erwähnten Beispiel einer naturgeschichtlichen Wahrheit. Die Naturwissenschaft läßt keinen Zweifel darüber zu, daß ihre Feststellung, die Erde habe vor der Menschheit existiert, eine Wahrheit ist. Mit der materialistischen Erkenntnistheorie verträgt sich das durchaus: die Existenz eines von den Widerspiegelnden unabhängigen Widergespiegelten (die Unabhängigkeit der Außenwelt vom Bewußtsein) ist die Grundthese des Materialismus. Die Feststellung der Naturwissenschaft, daß die Erde vor der Menschheit existiert hat, ist eine objektive Wahrheit. Mit der Philosophie der Machisten und ihrer Lehre von der Wahrheit ist diese These der Naturwissenschaft unvereinbar: Wenn die Wahrheit die organisierende Form der menschlichen Erfahrung ist, so kann die Behauptung von der Existenz der Erde *außerhalb* jeder menschlichen Erfahrung nicht wahr sein.

Aber noch mehr. Wenn die Wahrheit nur die organisierende Form der menschlichen Erfahrung ist, dann ist also auch die Lehre, sagen wir, des Katholizismus eine Wahrheit. Denn es unterliegt nicht dem geringsten Zweifel, daß der Katholizismus eine »organisierende Form der menschlichen Erfahrung« ist.

Bogdanow fühlte wohl selbst diesen himmelschreienden Fehler in seiner Theorie, und es ist äußerst interessant zu beobachten, wie er sich aus dem Sumpf, in den er geraten war, herauszuwinden suchte.

»Die Grundlage der Objektivität«, lesen wir im ersten Buch des »Empiriomonismus«, »dürfte in der Sphäre der kollektiven Erfahrung liegen. Als objektiv bezeichnen wir jene Gegebenheiten der Erfahrung, die sowohl für uns als auch für andere Menschen die gleiche Lebensbedeutung haben, jene Gegebenheiten, auf die nicht bloß wir unsere Tätigkeit ohne Widersprüche aufbauen, sondern auf die sich unserer Überzeugung nach auch die anderen Menschen stützen müssen, wenn sie nicht in Widersprüche geraten wollen. Der objektive Charakter der physischen Welt besteht darin, daß sie nicht nur persönlich für mich, sondern für alle existiert« (falsch! sie existiert *unabhängig* von »allen«) »und für alle eine bestimmte Bedeutung hat, meiner Überzeugung nach die gleiche wie für mich. Die Objektivität der physikalischen Reihe ist ihre *Allgemeingültigkeit.«* (S. 25, hervorgehoben von Bogdanow.) »Die Objektivität der physischen Körper, denen wir in unserer Erfahrung begegnen, wird letzten Endes auf Grund gegenseitiger Kontrolle und der Übereinstimmung der Aussagen verschiedener Menschen festgestellt. Überhaupt ist die physische Welt die sozial in Übereinstimmung gebrachte, sozial harmonisierte, mit einem Wort *sozial organisierte Erfahrung.«* (S. 36, hervorgehoben von Bogdanow.)

Wir wollen nicht wiederholen, daß dies eine von Grund aus falsche, idealistische Definition ist, daß die physische Welt unabhängig von der Menschheit und von der menschlichen Erfahrung existiert, daß die physische Welt auch schon existiert hat, als es noch keine »Sozialität« und keine »Organisation« der menschlichen Erfahrung geben konnte usw. Verweilen wir jetzt dabei, die machistische Philosophie von einer anderen Seite aus zu entlarven: die Objektivität wird hier so definiert, daß auch religiöse Lehren, die zweifelsohne »Allgemeingültigkeit« besitzen usw., unter diese Definition fallen. Hören wir weiter, was Bogdanow sagt: »Wir erinnern den Leser noch einmal daran, daß ›objektive‹ Erfahrung durchaus nicht dasselbe ist wie ›soziale‹ Erfahrung... Die soziale Erfahrung ist bei weitem nicht ganz sozial organisiert und enthält immer verschiedene Widersprüche, so daß bestimmte Teile der sozialen Erfahrung mit anderen Teilen derselben nicht übereinstimmen; Waldteufel und Hausgeister können in der Sphäre der sozialen Erfahrung eines gegebenen Volkes oder einer gegebenen Volksgruppe, zum Beispiel der Bauernschaft, existieren; doch braucht man sie deshalb noch nicht in die sozial organisierte oder objektive Erfahrung einzuschließen, denn sie harmonieren nicht mit der übrigen kollektiven Erfahrung und lassen sich in ihre organisierenden Formen, zum Beispiel in die Kette der Kausalität, nicht einfügen.« (45.)

Es ist uns gewiß sehr angenehm, daß Bogdanow selber die soziale Erfahrung in bezug auf Waldteufel, Hausgeister u. a. m. in die objektive Erfahrung »nicht einschließt«. Doch diese im Sinne der Ablehnung des Fideismus wohlgemeinte kleine Korrektur berichtigt nicht im geringsten den Grundfehler der ganzen Bogdanowschen Position. Die Bogdanowsche Definition der Objektivität und der physischen Welt ist auf keinen Fall haltbar; denn »allgemeingültig« sind die religiösen Lehren in größerem Ausmaße als die Lehren der Wissenschaft: der größere Teil der Menschheit hält sich bis heute noch an die ersteren. Der Katholizismus ist durch seine jahrhundertelange Entwicklung »sozial organisiert, harmonisiert und in Übereinstimmung gebracht«; er *»fügt sich ein«* in die »Kette der Kausalität«, und zwar auf unzweifelhafteste Weise, denn die Religionen sind nicht ohne Ursache entstanden, sie erhalten sich unter den gegenwärtigen Verhältnissen durchaus nicht zufällig in der Masse des Volkes, und die Philosophieprofessoren passen sich ihnen ganz »gesetzmäßig« an. Wenn diese zweifellos allgemeingültige und zweifellos hoch organisierte, sozialreligiöse Erfahrung mit der »Erfahrung« der Wissenschaft »nicht harmoniert«, so besteht zwischen diesen beiden ein prinzipieller, fundamentaler Unterschied, den Bogdanow verwischte, als er die objektive Wahrheit ablehnte. Und so sehr Bogdanow sich auch »korrigieren« mag, wenn er sagt, daß Fideismus oder Pfaffentum mit der Wissenschaft nicht harmonieren, so bleibt dennoch die unzweifelhafte Tatsache bestehen, daß Bogdanows Verneinung der objektiven Wahrheit mit dem Fideismus völlig »harmoniert«. Der moderne Fideismus verwirft die Wissenschaft durchaus nicht; er verwirft nur die »übermäßigen Ansprüche« der Wissenschaft, und zwar den Anspruch auf objektive Wahrheit. Wenn es eine objektive Wahrheit gibt (wie die Materialisten meinen), wenn nur die Naturwissenschaft allein, indem sie die Außenwelt in der menschlichen »Erfahrung« abbildet, fähig ist, uns die objektive Wahrheit zu vermitteln, so ist damit jeglicher Fideismus unbedingt verworfen. Wenn es aber keine objektive Wahrheit gibt, wenn die Wahrheit (die wissenschaftliche eingeschlossen) nur die organisierende Form der menschlichen Erfahrung ist, so wird eben damit die Grundthese des Pfaffentums anerkannt, wird diesem Tür und Tor geöffnet, wird Raum geschaffen für die »organisierenden Formen« der religiösen Erfahrung...

Kapitel V
Die neueste Revolution in der Naturwissenschaft und der philosophische Idealismus

6. Die zwei Richtungen in der modernen Physik und der französische Fideismus

In Frankreich hat die idealistische Philosophie nicht weniger entschlossen die Schwankungen der machistischen Physik aufgegriffen. Wir haben bereits gesehen, wie die Neokritizisten die »Mechanik« Machs aufgenommen haben: sie haben sofort den idealistischen Charakter der Grundlagen der Machschen Philosophie hervorgehoben. Der französische Machist Poincaré (Henri) hatte in dieser Hinsicht noch mehr Erfolg. Die reaktionärste idealistische Philosophie mit ausgesprochen fideistischen Schlußfolgerungen klammerte sich sogleich an seine Theorie. Ein Vertreter dieser Philosophie, Le Roy, argumentierte folgendermaßen: Die wissenschaftlichen Wahrheiten sind konventionelle Zeichen, Symbole; ihr habt die unsinnigen, »metaphysischen« Ansprüche auf die Erkenntnis der objektiven Realität fallenlassen; so seid doch logisch und stimmt uns zu, daß die Wissenschaft nur auf einem Gebiet des menschlichen Handelns praktische Bedeutung hat, während der Religion eine *nicht weniger wirkliche Bedeutung* als der Wissenschaft auf einem anderen Gebiet des Handelns zukommt; die »symbolistische«, machistische Wissenschaft hat kein Recht, die Theologie zu verneinen. H. Poincaré schämte sich dieser Schlußfolgerungen und griff sie in seinem Buch »Der Wert der Wissenschaft« besonders an. Man höre aber, *welche* erkenntnistheoretische Stellung er einnehmen mußte, um Bundesgenossen vom Schlage eines Le Roy loszuwerden. »Herr Le Roy«, schreibt Poincaré, »erklärt den Verstand nur zu dem Zweck für unabänderlich machtlos, um anderen Quellen der Erkenntnis einen größeren Platz einzuräumen, z. B. dem Herzen, dem Gefühl, dem Instinkt oder dem Glauben.« (214/215 [161].) »Ich kann ihm nicht bis zu Ende folgen«: Die wissenschaftlichen Gesetze sind Konventionen, Symbole, doch »wenn die wissenschaftlichen ›Rezepte‹ als Regel des Handelns einen Wert haben, so deshalb, weil wir wissen, daß sie wenigstens im großen und ganzen Erfolge haben. Dieses zu wissen, heißt schon etwas wissen, und wenn dem so ist – wie kann man dann sagen, daß wir nichts wissen können?« (219 [164].)

H. Poincaré beruft sich auf das Kriterium der Praxis. Doch damit verschiebt er nur die Frage, löst sie aber nicht, denn man kann dieses Kriterium ebensogut im subjektiven wie im objektiven Sinn interpretieren. Le Roy erkennt dieses Kriterium für die Wissenschaft und die Industrie ebenfalls an; er verneint nur, daß dieses Kriterium die *objektive* Wahrheit beweist, denn ihm genügt diese Verneinung, um die subjektive Wahrheit der Religion neben der subjektiven (außerhalb der Menschheit nicht existierenden) Wahrheit der Wissenschaft anzuerkennen.

H. Poincaré sieht, daß es nicht angeht, sich gegen Le Roy lediglich auf die Praxis zu berufen, und er geht zur Frage der Objektivität der Wissenschaft über: »Was ist das Kriterium der Objektivität der Wissenschaft? Es ist genau dasselbe wie das Kriterium unseres Glaubens an die äußeren Gegenstände. Diese sind insofern real, als die Empfindungen, die sie in uns hervorrufen (qu'ils nous font éprouver), uns untereinander durch ein gewisses unzerstörbares Bindemittel verknüpft scheinen und nicht durch einen flüchtigen Zufall.« (269/270 [204].)

Daß der Urheber einer solchen Betrachtung ein großer *Physiker* sein kann, ist wohl möglich. Absolut unbestreitbar aber ist, daß ihn als Philosophen nur die Woroschilow-Juschkewitsch ernst nehmen können. Man erklärte den Materialismus für vernichtet durch eine »Theorie«, die sich schon beim ersten Ansturm des Fideismus *unter die Fittiche des Materialismus flüchtet!* Denn es ist reinster Materialismus, wenn man der Meinung ist, daß die Empfindungen in uns durch reale Gegenstände hervorgerufen werden und daß der »Glaube« an die Objektivität der Wissenschaft der gleiche ist wie der »Glaube« an die objektive Existenz der äußeren Gegenstände.

»...Man kann zum Beispiel sagen, daß der Äther nicht weniger Realität besitzt als jeder beliebige äußere Körper.« (270 [204].)

Welchen Lärm hätten die Machisten geschlagen, wenn das ein Materialist gesagt hätte! Wie viele faule Witze über »ätherischen Materialismus« u. ä. m. wären da gemacht worden! Aber schon fünf Seiten weiter orakelt der Begründer des neuesten Empiriosymbolismus: »Alles, was nicht Gedanke ist, ist das reine Nichts; denn wir können nichts denken als den Gedanken.« (276 [209].) Sie irren, Herr Poincaré: Ihre Werke liefern den Beweis, daß es Leute gibt, die nur Unsinn denken können. Zu diesen Leuten gehört auch der bekannte Wirrkopf Georges Sorel, der behauptet, daß die »zwei ersten Teile« des Buches von Poincaré über den Wert der Wissenschaft »im Geiste Le Roys geschrieben« seien und daß sich die beiden

Philosophen daher auf das Folgende »einigen« könnten: Der Versuch, die Identität von Wissenschaft und Welt herzustellen, ist eine Illusion; es ist unnötig, die Frage zu stellen, ob die Wissenschaft die Natur erkennen kann, es genügt, daß die Wissenschaft den von uns geschaffenen Mechanismen entspricht (Georges Sorel, »Les préoccupations métaphysiques des physiciens modernes« [Die metaphysischen Vorurteile der modernen Physiker], Paris 1907, p. 77, 80, 81).

Doch während es genügt, die »Philosophie« Poincarés nur flüchtig zu erwähnen, ist es notwendig, bei dem Werk A. Reys länger zu verweilen. Wir haben schon darauf hingewiesen, daß sich die zwei Grundrichtungen in der modernen Physik, die Rey als »konzeptualistisch« und »neomechanistisch« bezeichnet, auf den Unterschied zwischen idealistischer und materialistischer Erkenntnistheorie zurückführen lassen. Wir müssen uns nun ansehen, wie der Positivist Rey die Aufgabe löst, die der des Spiritualisten J. Ward und der Idealisten H. Cohen und E. v. Hartmann diametral entgegengesetzt ist, nämlich: nicht die philosophischen Fehler der neuen Physik, ihre Abweichung nach der Seite des Idealismus aufzugreifen, sondern diese Fehler zu korrigieren und zu beweisen, wie unberechtigt die idealistischen (und fideistischen) Schlußfolgerungen aus der neuen Physik sind.

Wie ein roter Faden zieht sich durch das ganze Werk Reys die Feststellung der Tatsache, daß der *Fideismus* (S. II, 17, 220, 362 u. a.) und der *»philosophische Idealismus«* (200 [185]), der Skeptizismus im Hinblick auf die Rechte der Vernunft und der Wissenschaft (210, 220 [195, 203/204]), der Subjektivismus (311 [287/288]) usw. sich an die neue physikalische Theorie der »Konzeptualisten« (Machisten) geklammert haben. Und deshalb stellt A. Rey ganz richtig in den *Mittelpunkt* seiner Arbeit die Analyse der »Meinungen der Physiker über den objektiven Wert der Physik« (3 [3]).

Welches sind nun die Ergebnisse dieser Analyse?

Nehmen wir einen Grundbegriff, den Begriff der Erfahrung. Rey versichert, daß die subjektivistische Interpretation Machs (wir nehmen Mach der Einfachheit und Kürze halber als Vertreter der Schule, die Rey als konzeptualistisch bezeichnet) ein bloßes Mißverständnis sei. Allerdings gehöre es zu den »hauptsächlichen Neuheiten der Philosophie Ende des 19. Jahrhunderts«, daß »der immer feinere, an Nuancen immer reichere Empirismus zum Fideismus, zum Supremat des Glaubens führt – derselbe Empirismus, der einst eine mächtige Waffe war im Kampf des Skeptizismus gegen die Behauptungen der Metaphysik. Hat man nicht im Grunde genommen durch unmerkliche Nuancen, allmählich, den realen Sinn des Wortes ›Erfahrung‹ entstellt? In Wirklichkeit führt uns die Erfahrung, wenn man sie in ihren Existenzbedingungen, in jener experimentellen Wissenschaft nimmt, durch die sie präzisiert und geläutert wird, zur Notwendigkeit und zur Wahrheit.« (398 [368].) Zweifellos ist der ganze Machismus im weiten Sinne dieses Wortes nichts anderes als eine Entstellung des realen Sinnes des Wortes »Erfahrung« durch unmerkliche Nuancen! Wie jedoch korrigiert Rey diese Entstellung, der nur die Fideisten, nicht aber Mach selbst der Entstellung bezichtigt? Man höre: »Die Erfahrung ist nach der geläufigen Definition eine Erkenntnis des Objekts. In der physikalischen Wissenschaft ist diese Definition angebrachter als irgendwo anders ... Die Erfahrung ist das, worüber unser Geist keine Macht hat, was unsere Wünsche, unser Wille nicht verändern können, das, was gegeben ist, und was wir nicht schaffen. Die Erfahrung ist das Objekt gegenüber dem (en face du) Subjekt.« (314 [290/291].)

Da habt ihr ein Musterbeispiel, wie Rey den Machismus verteidigt! Wie genial scharfsinnig war doch Engels, der den modernen Typus der Anhänger des philosophischen Agnostizismus und Phänomenalismus als »verschämte Materialisten« charakterisierte! Der Positivist und eifrige Phänomenalist Rey ist ein ausgezeichnetes Exemplar dieses Typus. Wenn die Erfahrung eine »Erkenntnis des Objekts« ist, wenn die »Erfahrung das Objekt gegenüber dem Subjekt ist«, wenn die Erfahrung darin besteht, daß »etwas Äußeres (quelque chose du dehors) sich darbietet und dadurch sich aufdrängt« (se pose et en se posant s'impose, p. 324 [S. 299]), so läuft das offensichtlich auf den Materialismus hinaus! Reys Phänomenalismus, sein eifriges Betonen, daß es nichts außer Empfindungen gebe, daß das Objektive das Allgemeingültige sei usw. usf. – das alles ist ein Feigenblatt, eine leere Redensart zur Bemäntelung des Materialismus, sobald man uns sagt:

»Objektiv ist das, was uns von außen gegeben, durch die Erfahrung aufgedrängt (imposé) ist; das, was wir nicht erzeugen, sondern was unabhängig von uns entstanden ist und bis zu einem gewissen Grade uns selbst erzeugt.« (320 [295/296].) Rey verteidigt den »Konzeptualismus«, indem er den Konzeptualismus vernichtet! Die Widerlegung der idealistischen Schlußfolgerungen aus dem Machismus wird nur dadurch erreicht, daß der Machismus im Sinne eines verschämten Materialismus interpretiert wird. Nachdem Rey selber den Unterschied der beiden Richtungen in der modernen Physik zugegeben hat, bemüht er sich im Schweiße seines Angesichts, zugunsten der materialistischen Richtung alle Unterschiede zu verwischen. Zum Beispiel sagt Rey von der neomechanistischen Schule, daß sie in der Frage der Objektivität der Physik »nicht den geringsten Zweifel, nicht die geringste Unsicherheit« zulasse (237 [219]): »Hier« (d. h. auf dem Boden der Lehren dieser Schule) »ist man fern von allen Umwegen, die man vom Standpunkt der anderen Konzeptionen der Physik machen mußte, um diese Objektivität behaupten zu können.«

Eben diese »Umwege« des Machismus bemäntelt Rey, überzieht sie in seiner ganzen Darstellung mit einem Schleier. Der Grundzug des Materialismus ist eben, daß er von der Objektivität der Wissenschaft, von der Anerkennung der objektiven Realität, die durch die Wissenschaft widergespiegelt wird, *ausgeht*, während der Idealismus der »Umwege« *bedarf*, um die Objektivität so oder so aus dem Geist, dem Bewußtsein, dem »Psychischen« »abzuleiten«. Die neomechanistische (d. h. die herrschende) Schule in der Physik, schreibt Rey, *»glaubt an die Realität* der physikalischen Theorie in demselben Sinn, wie die Menschheit *an die Realität* der Außenwelt *glaubt«* (p. 234

[S. 249], § 22: These). Für diese Schule »will die Theorie das Abbild (le décalque) des Objekts sein« (235 [217]).

Mit Recht. Und dieser Grundzug der »neomechanistischen« Schule ist nichts anderes als die Grundlage der *materialistischen* Erkenntnistheorie. Kein Abrücken Reys von den Materialisten, keinerlei Beteuerungen seinerseits, daß die Neomechanisten eigentlich auch Phänomenalisten seien usw., können diese entscheidende Tatsache abschwächen. Der wesentliche Unterschied zwischen den Neomechanisten (den mehr oder weniger verschämten Materialisten) und den Machisten besteht gerade darin, daß die Machisten von dieser Erkenntnistheorie *abweichen* und dadurch unvermeidlich in den Fideismus *hineinstolpern.*

Betrachten wir, wie sich Rey zur Lehre Machs von der Kausalität und Naturnotwendigkeit verhält. Nur auf den ersten Blick, versichert Rey, scheint es, Mach »nähere sich dem Skeptizismus« (76 [69]) und dem »Subjektivismus« (76 [70]); diese »Zweideutigkeit« (équivoque, p. 115 [S. 107]) verflüchtige sich, sobald man die Lehre Machs in ihrer Gesamtheit nimmt. Und Rey nimmt sie in ihrer Gesamtheit, er führt eine Reihe von Zitaten sowohl aus der »Wärmelehre« als auch aus der »Analyse der Empfindungen« an, verweilt speziell beim Kapitel über die Kausalität im ersten der genannten Werke, aber ... *aber er hütet sich, die entscheidende Stelle zu zitieren, die Erklärung Machs, daß es keine physikalische, sondern nur eine logische Notwendigkeit gäbe!* Darauf kann man nur sagen, daß dies keine Interpretation, sondern eine Beschönigung Machs, daß es eine Verwischung der Unterschiede zwischen »Neomechanismus« und Machismus ist. Reys Schlußfolgerung lautet: »Mach akzeptiert die Analyse und die Folgerungen von Hume, Mill und allen Phänomenalisten, nach deren Ansicht die Kausalität nichts *Substantielles* an sich habe und nur eine Denkgewohnheit sei. Mach akzeptiert die Grundthese des Phänomenalismus, von der der folgende Satz eine einfache Konsequenz ist: es existiert nichts außer Empfindungen. Mach fügt aber in durchaus objektivistischem Sinne hinzu: die Wissenschaft entdeckt bei der Untersuchung der Empfindungen in ihnen permanente und gemeinsame Elemente, die, obwohl abstrahiert von den Empfindungen, die gleiche Realität wie diese haben, da sie durch sinnliche Beobachtung aus den Empfindungen geschöpft sind. Und diese gemeinsamen und permanenten Elemente, wie die Energie und deren Verwandlungen, bilden die Grundlage für die Systematisierung der Physik.« (117 [108/109].)

Demnach übernimmt Mach die subjektivistische Kausalitätstheorie von Hume und interpretiert sie im objektivistischen Sinne! Rey macht Ausflüchte, verteidigt Mach durch Berufung auf seine Inkonsequenz und meint schließlich, daß bei einer »realen« Auslegung der Erfahrung diese zur »Notwendigkeit« führe. Erfahrung aber ist das, was von außen gegeben ist, und wenn die Naturnotwendigkeit, die Naturgesetze dem Menschen auch von außen, aus der objektiv-realen Natur gegeben sind, dann verschwindet selbstverständlich jeder Unterschied zwischen Machismus und Materialismus. Rey verteidigt den Machismus gegen den »Neomechanismus« dadurch, daß er auf der ganzen Linie vor letzterem kapituliert, wobei er nur das Wort Phänomenalismus, nicht aber das Wesen dieser Richtung verteidigt.

Poincaré zum Beispiel leitet ganz im Geiste Machs die Naturgesetze – sogar das, daß der Raum dreidimensional ist – aus der »Bequemlichkeit« ab. Doch dies bedeute durchaus nicht »willkürlich«, beeilt sich Rey zu »verbessern«. Nein, »bequem« bedeute hier *»Anpassung an das Objekt«* (hervorgehoben von Rey, S. 196 [S. 180]). Wahrhaftig, eine großartige Abgrenzung der beiden Schulen und »Widerlegung« des Materialismus ... »Ist auch die Theorie Poincarés logisch durch eine unüberbrückbare Kluft von einer ontologischen Interpretation der mechanistischen Schule« (d. h. von dem Bekenntnis dieser Schule, daß die Theorie das Abbild des Objekts sei) »getrennt, ist sie auch geeignet, dem philosophischen Idealismus als Stütze zu dienen, so ist sie doch wenigstens auf dem Boden der Wissenschaft sehr wohl im Einklang mit der allgemeinen Entwicklung der Ideen der klassischen Physik, mit der Tendenz, die Physik als objektives Wissen zu betrachten, ebenso objektiv wie die Erfahrung, d. h. wie die Empfindungen, denen die Erfahrung entspringt.« (200 [185].)

Einerseits ist es unmöglich, nicht zu kennen, anderseits muß man anerkennen! Einerseits trennt Poincaré eine unüberbrückbare Kluft vom Neomechanismus, obwohl Poincaré *in der Mitte* zwischen dem »Konzeptualismus« Machs und dem Neomechanismus steht, während Mach durch gar keine Kluft vom Neomechanismus getrennt sein soll. Anderseits läßt sich Poincaré mit der klassischen Physik, die nach Reys eigenen Worten ganz und gar auf dem Standpunkt des »Mechanismus« steht, durchaus in Einklang bringen. Einerseits ist Poincarés Theorie geeignet, als Stütze des philosophischen Idealismus zu dienen, anderseits ist sie mit der objektiven Interpretation des Wortes »Erfahrung« zu vereinen. Einerseits haben diese bösen Fideisten den Sinn des Wortes »Erfahrung« durch unmerkliche Abweichungen, durch ihr Abgehen von der richtigen Ansicht, daß »Erfahrung das Objekt sei«, verdreht; anderseits bedeutet die Objektivität der Erfahrung nur, daß Erfahrung Empfindung sei, womit sowohl Berkeley als auch Fichte durchaus einverstanden sind!

Rey hat sich deshalb verrannt, weil er sich eine unlösbare Aufgabe gestellt hat: den Gegensatz zwischen der materialistischen und der idealistischen Schule in der neuen Physik zu »versöhnen«. Er versucht, den Materialismus der neomechanistischen Schule dadurch abzuschwächen, daß er die Ansichten der Physiker, die ihre Theorie für ein Abbild des Objekts halten, als Phänomenalismus ausgibt.[1*] Und er versucht, den Idealis-

[1*] Der »Versöhner« A. Rey hat nicht nur die Fragestellung des philosophischen Materialismus verschleiert, sondern er hat auch die prägnantesten materialistischen Erklärungen der französischen Physiker unbeachtet gelassen. Er ließ zum Beispiel den 1902 verstorbenen Alfred Cornu unerwähnt. Dieser Physiker begegnete der Ostwaldschen »Überwindung des wissenschaftlichen Materialismus« mit einer geringschätzigen Bemerkung über die prätentiöse feuilletonistische Behandlung des Problems. (Siehe »Revue générale des sciences«, 1895, p. 1030/1031.) Auf dem internationalen Physikerkongreß im Jahre 1900 in Paris

mus der konzeptualistischen Schule auf die Weise abzuschwächen, daß er die entschiedensten Erklärungen ihrer Anhänger ausschaltet und die übrigen im Sinne eines verschämten Materialismus interpretiert. Wie fiktiv, wie mühselig herausgepreßt dabei Reys Verleugnen des Materialismus ist, zeigt zum Beispiel seine Beurteilung der theoretischen Bedeutung der Differentialgleichungen von Maxwell und Hertz. Die Machisten sehen in dem Umstand, daß diese Physiker ihre Theorie auf ein System von Gleichungen beschränken, eine Widerlegung des Materialismus: Gleichungen – und weiter nichts, keine Materie, keine objektive Realität, einzig und allein Symbole. Boltzmann widerlegt diese Ansicht und ist sich bewußt, daß er die phänomenologische Physik widerlegt. Rey widerlegt diese Ansicht und glaubt den Phänomenalismus zu verteidigen! »Man darf«, sagt Rey, »Maxwell und Hertz nicht deshalb aus der Zahl der ›Mechanisten‹ ausschließen, weil sie sich auf Gleichungen, ähnlich den Differentialgleichungen der Dynamik von Lagrange, beschränkten. Das bedeutet nicht etwa, daß man nach Meinung von Maxwell und Hertz eine mechanische

führte A. Cornu aus: »... Je mehr wir die Naturerscheinungen erkennen, desto mehr entwickelt und präzisiert sich die kühne kartesianische Auffassung des Weltmechanismus: es gibt in der physischen Welt nichts außer Materie und Bewegung. Das Problem der Einheit der physischen Kräfte ... tritt nach den großen Entdeckungen, die das Ende des 19. Jahrhunderts auszeichneten, wieder in den Vordergrund. Das Hauptaugenmerk unserer modernen führenden Wissenschaftler – Faraday, Maxwell, Hertz (wenn wir nur von den bereits verstorbenen berühmten Physikern sprechen wollen) – ist darauf gerichtet, die Natur immer exakter zu bestimmen und die Eigenschaften der *unwägbaren Materie* (matière subtile), des Trägers der Weltenergie, zu enträtseln ... Die Rückkehr zu den kartesianischen Ideen ist offensichtlich ...« (»Rapports présentés au Congrès International de Physique« [Vorträge, gehalten auf dem Internationalen Physikerkongreß], Paris 1900, t. 4me, p. 7.) Lucien Poincaré bemerkt in seinem Buch über die »Moderne Physik« mit Recht, daß diese kartesianische Idee von den Enzyklopädisten des 18. Jahrhunderts aufgegriffen und weiterentwickelt wurde (*Lucien Poincaré*, »La physique moderne«, Paris 1906, p. 14 [deutsche Ausgabe Leipzig 1908, S. 9]), aber weder dieser Physiker noch A. Cornu wissen davon, wie die dialektischen Materialisten Marx und Engels diese Grundthese des Materialismus von den Einseitigkeiten des *mechanischen* Materialismus befreit haben.

Theorie der Elektrizität nicht auf reale Elemente gründen könne. Im Gegenteil, die Möglichkeit hierfür wird durch die Tatsache bewiesen, daß die elektrischen Erscheinungen durch eine Theorie dargestellt werden, deren Form mit der allgemeinen Form der klassischen Mechanik identisch ist...« (253 [234].) Die Unbestimmtheit der jetzigen Lösung des Problems »wird sich in dem Maße vermindern, in welchem die *Natur* jener quantitativen Einheiten, d. h. der Elemente, welche in die Gleichungen eingehen, exakter hervortreten wird«. Der Umstand, daß diese oder jene Formen der materiellen Bewegung noch unerforscht sind, ist für Rey kein Anlaß, die Materialität der Bewegung zu bestreiten. Die »Gleichartigkeit der Materie« (262 [243]), nicht als Postulat, sondern als Resultat der Erfahrung und der Entwicklung der Wissenschaft, die »Gleichartigkeit des Objekts der Physik«, das ist die Voraussetzung für die Anwendbarkeit von Messungen und mathematischen Berechnungen.

Und nun Reys Beurteilung des Kriteriums der Praxis in der Erkenntnistheorie: »Im Gegensatz zu den Behauptungen des Skeptizismus sind wir berechtigt zu sagen, daß sich der praktische Wert der Wissenschaft aus ihrem theoretischen Wert ergibt...« (368 [340].) Rey zieht vor zu verschweigen, daß diese Behauptungen des Skeptizismus ganz unzweideutig von Mach, Poincaré und ihrer ganzen Schule akzeptiert worden sind... »Der eine wie der andere Wert sind die zwei untrennbaren und streng parallelen Seiten ihres objektiven Wertes. Sagt man, ein Naturgesetz habe einen praktischen Wert, ... so läuft das im Grunde auf dasselbe hinaus, als wenn man sagt, dieses Naturgesetz habe objektive Bedeutung... Die Einwirkung auf das Objekt schließt eine Modifikation des Objekts, eine Reaktion des Objekts ein, die einer Erwartung oder Voraussicht entspricht, auf Grund deren wir die Einwirkung unternommen haben. Folglich enthält diese Erwartung oder Voraussicht Elemente, die durch das Objekt und durch die Einwirkung auf dasselbe *kontrolliert* werden... In diesen verschiedenen Theorien steckt also ein Teil des Objektiven.« (368 [340 bis

341].) Das ist eine durchaus materialistische und nur materialistische Erkenntnistheorie, denn die anderen Standpunkte, und insbesondere der Machismus, leugnen die objektive, d. h. die vom Menschen und von der Menschheit unabhängige Bedeutung des Kriteriums der Praxis.

Das Fazit: Rey ist an die Frage durchaus nicht von derselben Seite wie Ward, Cohen und Co. herangetreten, aber er gelangte zu den gleichen Ergebnissen: zur Anerkennung der materialistischen und der idealistischen Tendenz als Grundlage für die Trennung der beiden Hauptschulen in der modernen Physik.

Kapitel VI
Empiriokritizismus und historischer Materialismus

4. Parteien in der Philosophie und philosophische Wirrköpfe

Es bleibt uns noch die Frage nach dem Verhältnis des Machismus zur Religion zu untersuchen. Diese Frage erweitert sich aber zu der anderen, ob es überhaupt Parteien in der Philosophie gibt und welche Bedeutung die Unparteilichkeit in der Philosophie hat.

Im Verlauf der ganzen vorangegangenen Darstellung, bei jeder von uns berührten erkenntnistheoretischen Frage, bei jeder philosophischen Frage, die durch die moderne Physik aufgerollt wurde, konnten wir den Kampf zwischen *Materialismus* und *Idealismus* verfolgen. Hinter einem Haufen neuer terminologischer Spitzfindigkeiten, hinter dem Schutt gelahrter Scholastik fanden wir immer, ausnahmslos, die *zwei* Grundlinien, die zwei Grundrichtungen bei der Lösung der philosophischen Fragen. Ob man als das Primäre die Natur, die Materie, das Physische, die Außenwelt ansieht und Bewußtsein, Geist, Empfindung (nach der heutzutage *verbreiteten* Terminologie: Erfahrung), Psychisches u. dgl. als das Sekundäre betrachtet – das ist die Grundfrage, die *in der Tat* nach wie vor die Philosophen *in zwei große Lager* trennt. Die Quelle der tausend und aber tausend Fehler und der Konfusion auf diesem Gebiet liegt gerade darin, daß man hinter der Äußerlichkeit von Termini, Definitionen, scholastischen Schrullen und Worttüfteleien diese zwei Grundtendenzen *übersieht* (Bogdanow zum Beispiel will seinen Idealismus nicht zugeben, weil er statt der angeblich »metaphysischen« Begriffe »Natur« und »Geist« die »erfahrungsgemäßen«, nämlich Physisches und Psychisches genommen hat. Ein Wort hat er geändert!).

Die Genialität von Marx und Engels liegt gerade darin, daß sie im Laufe einer sehr langen Periode, *fast eines halben Jahrhunderts,* den Materialismus weiterentwickelt, die eine philosophische Grundrichtung vorwärtsgetrieben, sich nicht bei der Wiederholung bereits gelöster erkenntnistheoretischer Probleme aufgehalten, sondern den Materialismus konsequent durchgesetzt haben – daß sie gezeigt haben, *wie* man *denselben* Materialismus auf dem Gebiet der Gesellschaftswissenschaften durchsetzen muß, und den Unsinn, den gespreizten, prätentiösen Galimathias, die zahllosen Versuche, eine »neue« Linie in der Philosophie zu »entdecken«, eine »neue« Richtung zu erfinden usw., wie Kehricht schonungslos hinwegfegten. Der rein sprachliche Charakter derartiger Versuche, die scholastische Spielerei mit neuen philosophischen »Ismen«, die Verdunkelung des Wesentlichen durch verschrobene Spitzfindigkeiten, das Unvermögen, den Kampf der beiden erkenntnistheoretischen Grundrichtungen zu begreifen und klar darzustellen – das war es, was Marx und Engels während ihrer ganzen Tätigkeit verfolgten und unerbittlich bekämpften.

Wir sagten: im Laufe fast eines halben Jahrhunderts. In der Tat, schon im Jahre 1843, als Marx eben erst begann, Marx zu werden, d. h. zum Begründer des Sozialismus als Wissenschaft, zum Begründer des *modernen Materialismus,* der unermeßlich gehaltreicher und unvergleichlich konsequenter ist als alle vorhergegangenen Formen des Materialismus – schon zu jener Zeit umriß Marx mit erstaunlicher Klarheit die Grundlinien der Philosophie. K. Grün zitiert einen Brief von Marx an Feuerbach vom 20. Oktober 1843[2], in dem Marx Feuerbach auffordert, für die »Deutsch-Französischen Jahrbücher« einen Artikel gegen Schelling zu schreiben. Dieser Schelling, schreibt Marx, ist ein Windbeutel, mit seinen Ansprüchen, alle früheren philosophischen Richtungen umfassen und übertreffen zu wollen. »Den französischen Romantikern und Mystikern ruft er« (Schelling) »zu: Ich – die Vereinigung von Philosophie und Theologie; den französischen Materialisten: Ich – die Vereinigung von Fleisch und Idee; den französischen Skeptikern: Ich – der Zerstörer der Dogmatik.«1* Daß die »Skeptiker« – ob sie sich nun Humeisten oder Kantianer (oder im 20. Jahrhundert Machisten) nennen – gegen die »Dogmatik« sowohl des Materialismus wie des Idealismus zetern, sah Marx damals schon, und ohne sich durch eines der tausend armseligen philosophischen Systemchen ablenken zu lassen, verstand er es, über Feuerbach direkt den materialistischen Weg gegen den Idealismus einzuschlagen. Dreißig Jahre später, im Nachwort zur zweiten Auflage des ersten Bandes des »Kapitals«, stellt Marx ebenso klar und eindeutig *seinen Materialismus* dem Hegelschen, d.h. dem konsequentesten, am weitesten entwickelten *Idealismus* entgegen, er lehnt den Comteschen »Positivismus« verächtlich ab und erklärt die zeitgenössischen Philosophen für jämmerliche Epigonen, die sich einbilden, Hegel vernichtet zu haben, während sie in Wirklichkeit zur Wiederholung der vorhegelschen Fehler von Kant und Hume zurückgekehrt sind.[3] In seinem Brief an Kugelmann vom 27. Juni 1870 behandelt Marx »Büchner, Lange, Dühring, Fechner usw.« nicht minder verächtlich, weil sie Hegels Dialektik nicht zu begreifen vermochten und Hegel geringschätzten.2* Man nehme schließlich die einzelnen philosophischen Bemerkungen von Marx im »Kapital« und in anderen Werken, überall findet

1* *Karl Grün*, »Ludwig Feuerbach in seinem Briefwechsel und Nachlaß sowie in seiner philosophischen Charakterentwicklung«, I. Bd., Leipzig 1874, S. 361.

2* Über den Positivisten Beesly schreibt Marx in einem Brief vom 13. Dezember 1870: »Professor Beesly ist Comtist und ist als solcher verpflichtet, allerlei crotchets« (Grillen) »geltend zu machen.«[4] Man vergleiche damit Engels' Einschätzung der Positivisten à la Huxley im Jahre 1892.[5]

man ein *unveränderliches* Grundmotiv: Verteidigung des *Materialismus* und verächtlichen Spott über jede Vertuschung, jede Konfusion, alle Abweichungen zum *Idealismus* hin. Um diese beiden grundlegenden Gegensätze drehen sich *sämtliche* philosophischen Bemerkungen von Marx; vom Standpunkt der Professorenphilosophie liegt in dieser »Enge« und »Einseitigkeit« eben ihr Mangel. In Wirklichkeit ist gerade dieses bewußte Ignorieren der zwitterhaften Projekte zur Versöhnung von Materialismus und Idealismus das größte Verdienst von Marx, der auf einem exakt bestimmten philosophischen Weg *vorwärts*schritt.

Ganz im Geiste von Marx und in enger Zusammenarbeit mit ihm stellt Engels in all seinen philosophischen Arbeiten kurz und bündig in *allen* Fragen die materialistische und die idealistische Linie einander gegenüber, wobei er weder im Jahre 1878 noch 1888, noch 1892[6] die endlosen krampfhaften Bemühungen ernst nahm, die »Einseitigkeit« von Materialismus und Idealismus zu »überwinden«, eine *neue* Linie, irgendeinen »Positivismus«, »Realismus« oder einen anderen Professorenscharlatanismus zu verkünden. Den ganzen Kampf gegen Dühring führte Engels *vollständig* unter der Losung der konsequenten Einhaltung des Materialismus, wobei er den Materialisten Dühring beschuldigte, daß dieser das Wesen der Sache durch Wortschwall verdunkelte, daß er Phrasen drosch, daß er sich einer Betrachtungsweise bediente, die eine Konzession an den Idealismus, den Übergang auf die Position des Idealismus zum Ausdruck brachte. Entweder bis zu Ende konsequenter Materialismus oder die Lüge und Konfusion des philosophischen Idealismus – das ist die Fragestellung, wie sie in *jedem Absatz* des »Anti-Dühring« gegeben ist und die nur Leute mit einem von der reaktionären Professorenphilosophie bereits angefressenen Hirn übersehen konnten. Und bis zum Jahre 1894, wo das letzte Vorwort zu dem vom Verfasser nochmals durchgesehenen und zum letztenmal ergänzten »Anti-Dühring« geschrieben wurde, beharrte Engels, der sowohl die neue Philosophie als auch die neue Naturwissenschaft ständig verfolgte, mit der alten Entschiedenheit bei seiner klaren und festen Stellungnahme und fuhr fort, den Kehricht der neuen Systeme und Systemchen hinwegzufegen.

Daß Engels die neue Philosophie verfolgte, ist aus seinem »Ludwig Feuerbach« ersichtlich. In der Vorbemerkung vom Jahre 1888 ist sogar von einer solchen Erscheinung die Rede wie der Wiedergeburt der klassischen deutschen Philosophie in England und Skandinavien; für den herrschenden Neukantianismus und Humeismus aber hat Engels (sowohl in der Vorbemerkung als auch im Text des Buches) nur Worte äußerster Verachtung. Es liegt auf der Hand, daß Engels, der die Wiederholung der alten, vorhegelschen, Fehler des Kantianismus und Humeismus in der *Mode gewordenen* deutschen und englischen Philosophie beobachtete, bereit war, selbst *von einer Wendung* (in England und Skandinavien) *zu Hegel*[7] Gutes zu erwarten, in der Hoffnung, daß der große Idealist und Dialektiker dazu verhelfen werde, die seichten idealistischen und metaphysischen Irrtümer zu erkennen.

Ohne sich auf eine Betrachtung der Unmenge von Nuancen des Neukantianismus in Deutschland und des Humeismus in England einzulassen, verwirft Engels *von vornherein* ihre grundsätzliche Abweichung vom Materialismus. Engels erklärt, daß *die gesamte Richtung* beider Schulen einen *»wissenschaftlichen Rückschritt«* bedeutet. Und wie bewertet er die vom Standpunkt der landläufigen Terminologie zweifellos »positivistische«, zweifellos »realistische« Tendenz dieser Neukantianer und Humeisten, von denen er zum Beispiel Huxley gewiß kennen mußte? Den »Positivismus« und den »Realismus«, der zahllose Wirrköpfe verführte und verführt, erklärt Engels für ein *im besten Falle philisterhaftes Verfahren, den Materialismus hinterrücks zu akzeptieren* und ihn vor der Welt zu beschimpfen und zu verleugnen![8] Es genügt, über eine *solche* Bewertung Th. Huxleys, des prominentesten Naturforschers und unvergleichlich realistischeren Realisten und positivistischeren Positivisten, als Mach, Avenarius und Co. es sind, auch nur ein klein wenig nachzudenken, um sich eine

Vorstellung zu machen, mit welcher Verachtung Engels die heutige Begeisterung einer Handvoll Marxisten für den »neuesten Positivismus« oder den »neuesten Realismus« usw. aufgenommen hätte.

Marx und Engels waren von Anfang bis zu Ende parteilich in der Philosophie, sie verstanden es, die Abweichungen vom Materialismus und die Nachgiebigkeit gegenüber dem Idealismus und Fideismus in allen möglichen »neuesten« Richtungen aufzudecken. Deshalb bewerteten sie Huxley *ausschließlich* vom Standpunkt der konsequenten Einhaltung des Materialismus. Deshalb machten sie Feuerbach den Vorwurf, daß er den Materialismus nicht bis zu Ende einhält, daß er den Materialismus wegen der Fehler einzelner Materialisten fallengelassen hat, daß er gegen die Religion kämpfte mit dem Ziel, sie zu erneuern oder eine neue Religion zu schaffen, daß er in der Soziologie nicht vermochte, sich von der idealistischen Phrase frei zu machen und Materialist zu werden.

Und diese größte und wertvollste Tradition seiner Lehrmeister wußte J. Dietzgen vollauf zu schätzen, und er übernahm sie, welcher Art die einzelnen Fehler in seiner Darstellung des dialektischen Materialismus auch sein mögen. J. Dietzgen hat durch seine ungeschickten Abweichungen vom Materialismus viel gesündigt, doch hat er niemals den Versuch gemacht, sich prinzipiell vom Materialismus abzusondern, eine »neue« Fahne zu hissen, stets erklärte er im entscheidenden Augenblick fest und kategorisch: Ich bin Materialist, unsere Philosophie ist die materialistische. »Unter allen Parteien«, sagte mit Recht unser Josef Dietzgen, »ist die Partei der Mitte die abscheulichste ... Wie in der Politik die Parteien mehr und mehr sich in nur zwei Lager gruppieren ... so teilt sich auch die Wissenschaft in zwei ‹Generalklassen›: in Metaphysiker dort und in Physiker oder Materialisten hier.[1*] Die Zwischenglieder und vermittlungssüchtigen Quacksalber mit allerlei Namen,

[1*] Auch hier wieder ein ungeschickter, ungenauer Ausdruck: statt »Metaphysiker« müßte es »Idealisten« heißen. J. Dietzgen selbst stellt die Metaphysiker an anderen Stellen den Dialektikern gegenüber.

Spiritualisten, Sensualisten, Realisten usw. usw., fallen unterwegs in die Strömung. Wir steuern der Entschiedenheit, der Klarheit zu. Idealisten[1*] nennen sich die reaktionären ‹Retraitebläser›, und Materialisten sollen alle diejenigen heißen, welche sich angelegen sein lassen, den menschlichen Intellekt vom metaphysischen Zauber zu erlösen ... Vergleichen wir die beiden Parteien mit dem Festen und Flüssigen, dann liegt Breiartiges in der Mitte.«[2*]

Richtig! Die »Realisten« u. dgl., darunter auch die »Positivisten«, Machisten usw., das alles ist jämmerlicher Brei, die schmähliche *Partei der Mitte* in der Philosophie, die in jeder einzelnen Frage die materialistische und idealistische Richtung durcheinanderwirft. Die Versuche, aus diesen beiden Grundrichtungen der Philosophie herauszuspringen, sind nichts anderes als »vermittlungssüchtige Quacksalberei«.

Daß die »wissenschaftliche Pfafferei« der idealistischen Philosophie die bloße Vorstufe zum direkten Pfaffentum ist, daran zweifelte J. Dietzgen nicht im geringsten. »Wissenschaftliche Pfafferei«, schrieb er, »versucht es ernstlich, der religiösen Vorschub zu leisten.« (l. c., 51.) »Vornehmlich bildet das Gebiet der Erkenntnistheorie, das Mißverständnis des menschlichen Geistes eine solche ‹Lausgrube›«, in welche diese wie jene Pfaffen »ihre Eier hineinlegen«. »Diplomierte Lakaien« mit Reden über »ideale Güter«, die »mit einem ‹geschraubten› Idealismus Volksbetörung treiben« (53) – das sind für J. Dietzgen die Professoren der Philosophie. »Wie der liebe Gott seinen Antipoden im Teufel, so hat der ‹Kathederpfaff› seinen Gegenfüßler im Materialisten.« Die Erkenntnistheorie des Materialismus ist »eine Universalwaffe wider den religiösen Glauben« (55), und nicht nur »notorisch« wider »die förmliche, die gemeine Religion der Pfaffen, sondern auch die reinste, erhabenste Professorenreligion ‹benebelter› Idealisten« (58).

[1*] Man beachte, daß J. Dietzgen sich schon verbessert und *genauer* erklärt hat, wer die Gegenpartei des Materialismus ist.

[2*] Siehe den Artikel »Sozialdemokratische Philosophie«, geschrieben 1876. »Kleinere philosophische Schriften«, 1903, S. 135.

Gegenüber der »Halbheit« der freigeistigen Professoren war Dietzgen bereit, die »alte religiöse Ehrbarkeit« vorzuziehen (69). Dort »herrscht System«, dort gibt es ganze Menschen, die Theorie und Praxis nicht auseinanderreißen. »Die Philosophie ist keine Wissenschaft, sondern ein Schutzmittel wider die Sozialdemokratie« (107) – für die Herren Professoren. »Was sich Philosoph schreibt, Professor und Privatdozent, alles steckt trotz der scheinbaren Freigeisterei mehr oder minder im Aberglauben, in der Mystik... und bildet gegenüber der Sozialdemokratie eine einzige... reaktionäre Masse.« (108.) »Um nun dem rechten Wege, unbeirrt von allem religiösen und philosophischen ‹Welsch›, folgen zu können, soll man ‹den Holzweg der Holzwege›, das ist Philosophie, studieren.« (103.)

Und nun sehe man sich einmal vom Standpunkt der Parteien in der Philosophie Mach und Avenarius mit ihrer Schule an. Oh, diese Herren *rühmen sich* ihrer *Unparteilichkeit,* und wenn sie überhaupt einen Antipoden haben, so nur einen einzigen und *nur... den Materialisten.* Wie ein roter Faden zieht sich durch *alle* Schriften *sämtlicher* Machisten die stumpfsinnige Anmaßung, über Materialismus und Idealismus »erhaben zu sein«, diese »veraltete« Gegenüberstellung zu überwinden, während *in Wirklichkeit* diese ganze Kumpanei *alle Augenblicke* in den Idealismus hineingerät und einen unaufhörlichen und unentwegten Kampf gegen den Materialismus führt. Die raffinierten erkenntnistheoretischen Schrullen eines Avenarius bleiben eine Professorenerfindung, der Versuch zur Gründung einer kleinen »eigenen« Philosophensekte, *tatsächlich* aber ist bei der allgemeinen Konstellation des Kampfes zwischen den Ideen und Richtungen der modernen Gesellschaft die *objektive* Rolle dieser erkenntnistheoretischen Spitzfindigkeiten einzig und allein diese: dem Idealismus und Fideismus den Weg freizulegen, ihnen treue Dienste zu leisten. Es kann doch wirklich kein Zufall sein, daß sowohl die englischen Spiritualisten vom Schlage eines Ward als auch die französischen Neokritizisten, die Mach wegen seines Kampfes gegen den Materialismus loben, als auch die deutschen Immanenzphilosophen sich alle an die winzige Schule der Empiriokritiker klammern! J. Dietzgens Formel: »diplomierte Lakaien des Fideismus« trifft auf Mach, Avenarius und ihre ganze Schule haargenau zu.[1*]

Das Unglück der russischen Machisten, die sich vorgenommen haben, den Machismus mit dem Marxismus zu »versöhnen«, besteht gerade darin, daß sie sich auf die reaktionären Philosophieprofessoren verlassen haben und dadurch auf die schiefe Ebene geraten sind. Die Methoden der diversen Versuche, Marx weiterzuentwickeln und zu ergänzen, waren recht naiv. Lesen sie Ostwald, dann glauben sie Ostwald, geben Ostwald wieder und nennen das Marxismus. Lesen sie Mach, dann glauben sie Mach, geben Mach wieder und nennen das Marxismus. Lesen sie Poincaré, dann glauben sie Poincaré, geben Poincaré wieder und nennen das Marxismus! *Keinem einzigen* dieser Professoren, die auf Spezialgebieten der Chemie, der Geschichte, der Physik die wertvollsten Arbeiten

1* Hier noch ein Beispiel dafür, wie die weitverbreiteten Strömungen der reaktionären bürgerlichen Philosophie sich den Machismus tatsächlich zunutze machen. Wohl die »letzte Mode« der allerneuesten amerikanischen Philosophie ist der »Pragmatismus« (vom griechischen Wort pragma = Tat, Handlung; also Philosophie der Tat). Über den Pragmatismus wird in den philosophischen Zeitschriften wohl am meisten gesprochen. Der Pragmatismus verspottet die Metaphysik sowohl des Materialismus als auch des Idealismus, preist die Erfahrung und nur die Erfahrung, erkennt als einziges Kriterium die Praxis an, beruft sich überhaupt auf die positivistische Strömung und *stützt sich speziell auf Ostwald, Mach, Pearson, Poincaré, Duhem,* stützt sich auf die Behauptung, daß die Wissenschaft keine »absolute Kopie der Realität« ist, und ... leitet glücklich aus alledem einen Gott ab für praktische Zwecke, nur für die Praxis, ohne jede Metaphysik, ohne irgendwie die Grenzen der Erfahrung zu überschreiten (vgl. *William James,* »Pragmatism. A new name for some old ways of thinking«, New York and London 1907, p. 57 und bes. 106). Die Unterschiede zwischen Machismus und Pragmatismus sind vom Standpunkt des Materialismus aus ebenso nichtig und zehntrangig wie die Unterschiede zwischen Empiriokritizismus und Empiriomonismus. Man vergleiche nur die Bogdanowsche und die pragmatistische Definition der Wahrheit: »Wahrheit ist für den Pragmatisten ein Gattungsname für alle Arten von bestimmten Arbeitswerten (working-values) in der Erfahrung.« (Ib., p. 68.) [Hier zitiert nach der deutschen Ausgabe: *William James,* »Der Pragmatismus. Ein neuer Name für alte Denkmethoden«, Leipzig 1908, S. 36, 66, 43.]

liefern können, *darf man auch nur ein einziges Wort glauben,* sobald er auf Philosophie zu sprechen kommt. Warum? Aus dem nämlichen Grunde, aus welchem man *keinem einzigen* Professor der politischen Ökonomie, der imstande ist, auf dem Gebiet spezieller Tatsachenforschung die wertvollsten Arbeiten zu liefern, *auch nur ein einziges Wort* glauben darf, sobald er auf die allgemeine Theorie der politischen Ökonomie zu sprechen kommt. Denn diese letztere ist eine ebenso *parteiliche* Wissenschaft in der modernen Gesellschaft wie die *Erkenntnistheorie.* Im großen und ganzen sind die Professoren der politischen Ökonomie nichts anderes als die gelehrten Kommis der Kapitalistenklasse und die Philosophieprofessoren die gelehrten Kommis der Theologen.

Die Aufgabe der Marxisten ist nun hier wie dort, zu verstehen, sich die von diesen »Kommis« gemachten Errungenschaften anzueignen und sie zu verarbeiten (man kann zum Beispiel, wenn man die neuen ökonomischen Erscheinungen studieren will, keinen Schritt tun, ohne sich der Werke dieser Kommis zu bedienen), und zu *verstehen,* die reaktionäre Tendenz derselben zu verwerfen, der *eigenen* Linie zu folgen und *die ganze Linie* der uns feindlichen Kräfte und Klassen zu bekämpfen. Gerade das aber haben unsere Machisten, die *sklavisch* der reaktionären Professorenphilosophie folgen, nicht verstanden. »Vielleicht irren wir, aber wir suchen«, schrieb im Namen der Verfasser der »Beiträge« Lunatscharski. Nicht *ihr* sucht, sondern *man sucht euch,* das ist das Unglück! Nicht ihr tretet von eurem, d. h. dem marxistischen (denn ihr möchtet ja Marxisten sein) Standpunkt an jede Wendung der bürgerlich-philosophischen Mode heran, sondern diese Mode tritt an euch heran, sie drängt euch ihre neuen Fälschungen, wie sie dem Idealismus genehm sind, auf, heute à la Ostwald, morgen à la Mach, übermorgen à la Poincaré. Jene törichten »theoretischen« Mätzchen (mit der »Energetik«, den »Elementen«, der »Introjektion« usw.), denen ihr naiverweise Glauben schenkt, verbleiben in den Grenzen einer ganz engen, winzigen Schule, während die geistige und *gesellschaftliche Tendenz* dieser Mätzchen sofort von den Ward, den Neokritizisten, den Immanenzphilosophen, von den Lopatin, von den Pragmatisten aufgegriffen wird und *ihren Dienst tut.* Die Begeisterung für den Empiriokritizismus und den »physikalischen« Idealismus vergeht ebenso rasch wie die Begeisterung für den Neukantianismus und den »physiologischen« Idealismus, doch der Fideismus holt sich von jeder derartigen Begeisterungswelle seine Beute, wobei er auf tausenderlei Art seine Kniffe verändert zu Nutz und Frommen des philosophischen Idealismus.

Das Verhältnis zur Religion und das Verhältnis zur Naturwissenschaft illustriert trefflich, wie die bürgerliche Reaktion den Empiriokritizismus *tatsächlich* im Klasseninteresse ausnutzt.

Nehmen wir die erste Frage. Glaubt man etwa, es sei Zufall, daß sich Lunatscharski in dieser Kollektivarbeit *gegen* die Philosophie des Marxismus bis zur »Vergottung der höchsten menschlichen Potenzen«, bis zum »religiösen Atheismus«[1*] usw. verstiegen hat? Wenn man das glaubt, so lediglich deshalb, weil die russischen Machisten die Öffentlichkeit über die *gesamte* machistische Strömung in Europa und über das Verhältnis dieser Strömung zur Religion falsch informiert haben. Nicht nur hat dieses Verhältnis nichts gemein mit dem Verhältnis von Marx, Engels, J. Dietzgen, ja selbst Feuerbach, zur Religion, sondern es ist *das direkte Gegenteil,* angefangen von der Erklärung Petzoldts: der Empiriokritizismus »widerstreitet weder dem Theismus überhaupt noch dem Atheismus« (»Einführung in die Philosophie der reinen Erfahrung«, I, 351) oder der Machs: »die religiösen Ansichten sind Privatsache« (franz. Übers., p. 434 [S. 494]), und endend mit dem *offenen Fideismus,* mit dem unverhüllten *Schwarzhundertertum* sowohl eines Cornelius, der Mach überschwenglich lobt und von Mach ebenso gelobt wird, als auch eines Carus und aller Immanenz-

1* »Beiträge«, S. 157, 159. In der »Sagranitschnaja Gaseta« spricht der gleiche Verfasser von »wissenschaftlichem Sozialismus in seiner religiösen Bedeutung« (Nr. 3, S. 5), und im »Obrasowanije«, 1908, Nr. 1, S. 164, schreibt er unumwunden: »Schon lange reift in mir eine neue Religion ...«

philosophen. Neutralität eines *Philosophen* in dieser Frage, das ist *schon* Lakaientum gegenüber dem Fideismus, und über die Neutralität kommen Mach und Avenarius nicht hinaus und können sie nicht hinauskommen infolge der Ausgangspunkte ihrer Erkenntnistheorie.

Sobald ihr die uns in der Empfindung gegebene objektive Realität leugnet, habt ihr schon jede Waffe gegen den Fideismus eingebüßt, denn ihr seid bereits zum Agnostizismus oder Subjektivismus hinabgeglitten, und mehr braucht er gar nicht. Ist die sinnliche Welt eine objektive Realität, dann ist jeder andern »Realität« oder Quasirealität (man erinnere sich, daß Basarow an den »Realismus« der Immanenzphilosophen, die Gott für einen »realen Begriff« erklären, geglaubt hat) das Tor versperrt. Ist die Welt sich bewegende Materie, so kann und muß man sie fortwährend studieren in den unendlich komplizierten und detaillierten Erscheinungen und Verästelungen *dieser* Bewegung, der Bewegung *dieser* Materie, doch außerhalb dieser, außerhalb der »physischen«, allen bekannten Außenwelt kann nichts sein. Feindseligkeit gegen den Materialismus, Lawinen von Verleumdungen gegen die Materialisten – das alles ist im zivilisierten und demokratischen Europa an der Tagesordnung. Das alles geht bis zum heutigen Tag so weiter. Das alles wird der Öffentlichkeit von den russischen Machisten *vorenthalten,* die *nicht ein einziges Mal* versucht haben, die gegen den Materialismus gerichteten Ausfälle von Mach, Avenarius, Petzoldt und Co. mit den Erklärungen von Feuerbach, Marx, Engels und J. Dietzgen *zugunsten* des Materialismus auch nur einfach zu vergleichen.

Doch das »Verhehlen« der Beziehungen von Mach und Avenarius zum Fideismus nützt nichts. Die Tatsachen sprechen für sich. Keine Anstrengung der Welt vermag diese reaktionären Professoren von der Schande zu befreien, die ihnen die Umarmungen Wards, der Neokritizisten, Schuppes, Schubert-Solderns, Leclairs, der Pragmatisten usw. eingebracht haben. Und der Einfluß der eben genannten Personen als Philosophen und Professoren, der Grad der Verbreitung ihrer Ideen unter dem »gebildeten«, d. h. bürgerlichen Publikum, die von ihnen geschaffene Fachliteratur sind zehnmal so groß und so zahlreich wie das besondere Schülchen von Mach und Avenarius. Das Schülchen dient, wem es zu dienen hat. Man bedient sich dieses Schülchens nach Bedarf.

Die schändlichen Dinge, zu denen Lunatscharski hinabgesunken ist, sind keine Ausnahme, sondern eine Ausgeburt des Empiriokritizismus, des russischen wie des deutschen. Es geht nicht an, sie mit den »guten Absichten« des Verfassers, mit dem »besonderen Sinn« seiner Worte zu verteidigen: wäre dieser Sinn der direkte und übliche, d. h. unmittelbar fideistische, so würden wir mit dem Verfasser überhaupt nicht diskutieren; denn es würde sich bestimmt kein einziger Marxist finden, den derartige Erklärungen *nicht* veranlassen würden, Anatoli Lunatscharski *ganz und gar* auf eine Stufe mit Peter Struve zu stellen. Wenn das nicht der Fall ist (und es ist *noch* nicht der Fall), so ist dies ausschließlich dem Umstand zu verdanken, daß wir den »besonderen« Sinn sehen, und *wir kämpfen, solange noch eine Grundlage* für kameradschaftlichen Kampf *vorhanden* ist. Das ist ja das Schändliche an den Erklärungen Lunatscharskis, daß er sie mit seinen »guten« Absichten verbinden *konnte.* Das ist ja das Schlimme an seiner »Theorie«, daß sie *solche* Mittel bzw. *solche* Schlußfolgerungen bei der Realisierung guter Absichten zuläßt. Das ist ja das Pech, daß die »guten« Absichten *bestenfalls* eine subjektive Angelegenheit eines Karp, Pjotr oder Sidor bleiben, während die *gesellschaftliche Bedeutung* derartiger Erklärungen unbedingt und unbestreitbar ist und durch keinerlei Vorbehalte und Erläuterungen abgeschwächt werden kann.

Man müßte blind sein, um die geistige Verwandtschaft zwischen der »Vergottung der höchsten menschlichen Potenzen« bei Lunatscharski und der »universalen Substitution« des Psychischen für die ganze physische Natur bei Bogdanow nicht zu sehen. Es ist ein und derselbe Gedanke, ausgedrückt in dem einen Fall vornehmlich vom ästhetischen, in dem andern vom erkenntnistheoretischen Standpunkt aus. Die »Substitution«

vergottet ja bereits, stillschweigend und von einer anderen Seite her, die »höchsten menschlichen Potenzen«, indem sie das »Psychische« vom Menschen lostrennt und das unermeßlich erweiterte, abstrakte, göttlich-tote »Psychische überhaupt« für *die ganze physische Natur* substituiert. Und wie steht es mit dem »Logos« Juschkewitschs, der »in den irrationalen Fluß des Gegebenen« hineingetragen wird?

Reiche dem Teufel den kleinen Finger, und er nimmt die ganze Hand. Unsere Machisten stecken alle tief im Idealismus, d.h. in einem abgeschwächten, raffinierten Fideismus, und zwar seit dem Augenblick, wo sie die »Empfindung« nicht für das Abbild der Außenwelt, sondern für ein besonderes »Element« genommen haben. Niemandes Empfindung, niemandes Psyche, niemandes Geist, niemandes Wille – dahin muß man unvermeidlich gelangen, wenn man die materialistische Theorie, nach der das menschliche Bewußtsein die *Widerspiegelung* der objektiv-realen Außenwelt ist, nicht anerkennt.

Geschrieben Februar–Oktober 1908.
Veröffentlicht im Mai 1909 als Einzelausgabe
im Verlag »Sweno« (Kettenglied) in Moskau.
Werke, Bd. 14, S. 117–120,
292–301, 339–350.

Aus: Drei Quellen und drei Bestandteile des Marxismus[9]

I

Die Philosophie des Marxismus ist der *Materialismus.* Im Laufe der gesamten neuesten Geschichte Europas und insbesondere Ende des 18. Jahrhunderts in Frankreich, wo eine entscheidende Schlacht gegen alles mittelalterliche Gerümpel, gegen den Feudalismus in den Einrichtungen und in den Ideen geschlagen wurde, erwies sich der Materialismus als die einzige folgerichtige Philosophie, die allen Lehren der Naturwissenschaften treu bleibt, die dem Aberglauben, der Frömmelei usw. feind ist. Die Feinde der Demokratie waren daher aus allen Kräften bemüht, den Materialismus »zu widerlegen«, zu untergraben und zu diffamieren, und nahmen die verschiedenen Formen des philosophischen Idealismus in Schutz, der stets, auf diese oder jene Art, auf eine Verteidigung oder Unterstützung der Religion hinausläuft.

Marx und Engels verfochten mit aller Entschiedenheit den philosophischen Materialismus und legten zu wiederholten Malen dar, wie grundfalsch jede Abweichung von dieser Grundlage ist. Am klarsten und ausführlichsten sind ihre Anschauungen in Engels' Werken »Ludwig Feuerbach«[10] und »Anti-Dühring«[11] niedergelegt, die – wie das »Kommunistische Manifest«[12] – Handbücher jedes klassenbewußten Arbeiters sind.

Aber Marx blieb nicht beim Materialismus des 18. Jahrhunderts stehen, er entwickelte die Philosophie weiter. Er bereicherte sie durch die Errungenschaften der deutschen klassischen Philosophie und besonders des Hegelschen Systems, das seinerseits zum Materialismus Feuerbachs geführt hatte. Die wichtigste dieser Errungenschaften ist die *Dialektik,* d. h. die Lehre von der Entwicklung in ihrer vollständigsten, tiefstgehenden und von Einseitigkeit freiesten Gestalt, die Lehre von der Relativität des menschlichen Wissens, das uns eine Widerspiegelung der sich ewig entwickelnden Materie gibt. Die neuesten Entdeckungen der Naturwissenschaft – das Radium, die Elektronen, die Verwandlung der Elemente – haben den dialektischen Materialismus von Marx glänzend bestätigt, entgegen den Lehren der bürgerlichen Philosophen mit ihrer ständig »neuen« Rückkehr zum alten und faulen Idealismus.

Marx, der den philosophischen Materialismus vertiefte und entwickelte, führte ihn zu Ende und dehnte dessen Erkenntnis der Natur auf die Erkenntnis der *menschlichen Gesellschaft* aus. Der *historische Materialismus* von Marx war eine gewaltige Errungenschaft des wissenschaftlichen Denkens. Das Chaos und die Willkür, die bis dahin in den Anschauungen über Geschichte und Politik geherrscht hatten, wurden von einer erstaunlich einheitlichen und harmonischen wissenschaftlichen Theorie abgelöst, die zeigt, wie sich aus einer Form des gesellschaftlichen Lebens, als Folge des Wachsens der Produktivkräfte, eine andere, höhere Form entwickelt – wie zum Beispiel aus dem Feudalismus der Kapitalismus hervorgeht.

Genauso wie die Erkenntnis des Menschen die von ihm unabhängig existierende Natur, d. h. die sich entwickelnde Materie widerspiegelt, so spiegelt die *gesellschaftliche Erkenntnis* des Menschen (d. h. die verschiedenen philosophischen, religiösen, politischen usw. Anschauungen und Lehren) die *ökonomische Struktur* der Gesellschaft wider. Die politischen Einrichtungen sind ein Überbau auf der ökonomischen Basis. Wir sehen zum Beispiel, wie die verschiedenen politischen Formen der heutigen europäischen Staaten dazu dienen, die Herrschaft der Bourgeoisie über das Proletariat zu festigen.

Marx' Philosophie ist der vollendete philosophische Materialismus, der der Menschheit – insbesondere aber der Arbeiterklasse – mächtige Mittel der Erkenntnis gegeben hat.

»Prosweschtschenije« Nr. 3, März 1913.
Werke, Bd. 19, S. 4–5.

Schriften, Reden, Briefe zu Fragen der Religion

Sozialismus und Religion

Die moderne Gesellschaft ist ganz auf der Ausbeutung der ungeheuren Massen der Arbeiterklasse durch eine verschwindend kleine, zu den Klassen der Grundeigentümer und Kapitalisten gehörende Minderheit der Bevölkerung aufgebaut. Das ist eine Sklavenhaltergesellschaft, denn die »freien« Arbeiter, die ihr Leben lang für das Kapital arbeiten, »haben Anrecht« nur auf solche Existenzmittel, die zum Lebensunterhalt der Profit erzeugenden Sklaven und zur Sicherung und Verewigung der kapitalistischen Sklaverei notwendig sind.

Die ökonomische Unterdrückung der Arbeiter verursacht und erzeugt unvermeidlich alle möglichen Arten der politischen Unterdrückung und sozialen Erniedrigung, der Verrohung und Verkümmerung des geistigen und sittlichen Lebens der Massen. Die Arbeiter können sich mehr oder weniger politische Freiheit für den Kampf um ihre ökonomische Befreiung erringen, aber keinerlei Freiheit wird sie von Elend, Arbeitslosigkeit und Unterdrückung erlösen, solange die Macht des Kapitals nicht gestürzt ist. Die Religion ist eine von verschiedenen Arten geistigen Joches, das überall und allenthalben auf den durch ewige Arbeit für andere, durch Not und Vereinsamung niedergedrückten Volksmassen lastet. Die Ohnmacht der ausgebeuteten Klassen im Kampf gegen die Ausbeuter erzeugt ebenso unvermeidlich den Glauben an ein besseres Leben im Jenseits, wie die Ohnmacht des Wilden im Kampf mit der Natur den Glauben an Götter, Teufel, Wunder usw. erzeugt. Denjenigen, der sein Leben lang arbeitet und Not leidet, lehrt die Religion Demut und Langmut hienieden und vertröstet ihn mit der Hoffnung auf himmlischen Lohn. Diejenigen aber, die von fremder Arbeit leben, lehrt die Religion Wohltätigkeit hienieden, womit sie ihnen eine recht billige Rechtfertigung ihres ganzen Ausbeuterdaseins anbietet und Eintrittskarten für die himmlische Seligkeit zu erschwinglichen

Preisen verkauft. Die Religion ist das Opium des Volks. Die Religion ist eine Art geistigen Fusels, in dem die Sklaven des Kapitals ihr Menschenantlitz und ihre Ansprüche auf ein halbwegs menschenwürdiges Leben ersäufen.

Doch der Sklave, der sich seiner Sklaverei bewußt geworden ist und sich zum Kampf für seine Befreiung erhoben hat, hört bereits zur Hälfte auf, ein Sklave zu sein. Durch die Fabrik der Großindustrie erzogen und durch das städtische Leben aufgeklärt, wirft der moderne klassenbewußte Arbeiter die religiösen Vorurteile mit Verachtung von sich, überläßt den Himmel den Pfaffen und bürgerlichen Frömmlern und erkämpft sich ein besseres Leben hier auf Erden. Das moderne Proletariat bekennt sich zum Sozialismus, der die Wissenschaft in den Dienst des Kampfes gegen den religiösen Nebel stellt und die Arbeiter vom Glauben an ein jenseitiges Leben dadurch befreit, daß er sie zum diesseitigen Kampf für ein besseres irdisches Leben zusammenschließt.

Erklärung der Religion zur Privatsache – mit diesen Worten wird gewöhnlich die Stellung der Sozialisten zur Religion ausgedrückt. Doch die Bedeutung dieser Worte muß man genau definieren, damit sie keine Mißverständnisse hervorrufen können. Wir fordern, daß die Religion dem Staat gegenüber Privatsache sei, können sie aber keinesfalls unserer eigenen Partei gegenüber als Privatsache betrachten. Den Staat soll die Religion nichts angehen, die Religionsgemeinschaften dürfen mit der Staatsmacht nicht verbunden sein. Jedem muß es vollkommen freistehen, sich zu jeder beliebigen Religion zu bekennen oder gar keine Religion anzuerkennen, d. h. Atheist zu sein, was ja auch jeder Sozialist in der Regel ist. Alle rechtlichen Unterschiede zwischen den Staatsbürgern je nach ihrem religiösen Bekenntnis sind absolut unzulässig. Selbst die Erwähnung der Konfession der Staatsbürger in amtlichen Dokumenten muß unbedingt ausgemerzt werden. Es darf keine Zuwendungen an eine Staatskirche, keine Zuwendungen von Staatsmitteln an kirchliche und religiöse Gemeinschaften geben, die völlig freie, von der Staatsmacht unabhängige

Vereinigungen gleichgesinnter Bürger werden müssen. Nur die restlose Erfüllung dieser Forderungen kann Schluß machen mit jener schmählichen und verfluchten Vergangenheit, da die Kirche in leibeigener Abhängigkeit vom Staat war und die russischen Bürger in leibeigener Abhängigkeit von der Staatskirche waren, da (bis auf den heutigen Tag in unseren Strafgesetzbüchern und Prozessualordnungen erhalten gebliebene) mittelalterliche, inquisitorische Gesetze bestanden und angewandt wurden, die Glauben oder Unglauben verfolgten, das Gewissen der Menschen vergewaltigten, Staatspöstchen und Staatspfründen mit der Verteilung dieses oder jenes Staatskirchenfusels verknüpften. Vollständige Trennung der Kirche vom Staat – das ist die Forderung, die das sozialistische Proletariat an den heutigen Staat und die heutige Kirche stellt.

Die russische Revolution muß diese Forderung als unerläßlichen Bestandteil der politischen Freiheit verwirklichen. Die russische Revolution findet diesbezüglich besonders günstige Bedingungen vor, denn die widerwärtige Bürokratenwirtschaft des absolutistischen Polizei- und Leibeigenschaftsstaates hat selbst innerhalb der Geistlichkeit Unzufriedenheit, Gärung und Empörung hervorgerufen. So geduckt und unwissend die russische rechtgläubige Geistlichkeit auch war, sogar sie wurde jetzt von dem Getöse geweckt, mit dem die alte, mittelalterliche Ordnung in Rußland eingestürzt ist. Sogar sie schließt sich der Forderung nach Freiheit an, protestiert gegen die Bürokratenwirtschaft und Beamtenwillkür, gegen die polizeilichen Spitzeldienste, zu denen die »Diener Gottes« genötigt werden. Wir Sozialisten müssen diese Bewegung unterstützen, indem wir die Forderungen der ehrlichen und aufrichtigen Geistlichen bis zu Ende führen, diese Leute, wenn sie von Freiheit sprechen, beim Wort nehmen, von ihnen fordern, daß sie jedes Band zwischen Religion und Polizei entschlossen zerreißen. Entweder ihr seid aufrichtig – dann müßt ihr für die völlige Trennung der Kirche vom Staat und der Schule von der Kirche, für die uneingeschränkte und vorbehaltlose Erklärung der Religion zur Privatsache sein. Oder ihr akzeptiert diese konsequenten Forderungen nach Freiheit nicht – dann seid ihr also immer noch in den Überlieferungen der Inquisition befangen, dann klebt ihr also immer noch an den Staatspöstchen und Staatspfründen, dann glaubt ihr also nicht an die geistige Kraft eurer Waffe und laßt euch nach wie vor von der Staatsmacht bestechen – und dann erklären euch die klassenbewußten Arbeiter ganz Rußlands den schonungslosen Krieg.

Für die Partei des sozialistischen Proletariats ist die Religion keine Privatsache. Unsere Partei ist ein Bund klassenbewußter, fortgeschrittener Kämpfer für die Befreiung der Arbeiterklasse. Ein solcher Bund kann und darf sich nicht gleichgültig verhalten zu Unaufgeklärtheit, zu Unwissenheit oder zu Dunkelmännertum in Form von religiösem Glauben. Wir fordern die völlige Trennung der Kirche vom Staat, um gegen den religiösen Nebel mit rein geistigen und nur geistigen Waffen, mit unserer Presse, unserem Wort zu kämpfen. Aber wir haben unseren Bund, die Sozialdemokratische Arbeiterpartei Rußlands, unter anderem gerade für einen solchen Kampf gegen jede religiöse Verdummung der Arbeiter gegründet. Für uns ist der ideologische Kampf keine Privatsache, sondern eine Angelegenheit der ganzen Partei, des gesamten Proletariats.

Wenn dem so ist, warum erklären wir in unserem Programm nicht, daß wir Atheisten sind? warum verwehren wir es Christen und Gottesgläubigen nicht, in unsere Partei einzutreten?

Die Antwort auf diese Frage soll einen sehr wichtigen Unterschied zwischen der bürgerlich-demokratischen und der sozialdemokratischen Fragestellung hinsichtlich der Religion klarmachen.

Unserem ganzen Programm liegt eine wissenschaftliche, und zwar die materialistische Weltanschauung zugrunde. Die Erläuterung unseres Programms schließt daher notwendigerweise auch die Klarlegung der wahren historischen und ökonomischen Quellen des religiösen Nebels ein. Unsere Propaganda schließt notwendigerweise auch die Propaganda des Atheismus ein; die Herausgabe entsprechender wissenschaftlicher Literatur, die von der absolutistisch-fronherrschaftlichen Staatsmacht bisher streng verboten und verfolgt worden ist, muß jetzt einen Zweig unserer Parteiarbeit bilden. Wir werden jetzt wahrscheinlich den Rat befolgen müssen, den Engels einmal den deutschen Sozialisten erteilt hat: die Literatur der französischen Aufklärer und Atheisten des 18. Jahrhunderts zu übersetzen und massenhaft zu verbreiten.[13]

Doch wir dürfen uns dabei auf keinen Fall dazu verleiten lassen, die religiöse Frage abstrakt, idealistisch, »von Vernunft wegen«, außerhalb des Klassenkampfes zu stellen, wie das radikale Demokraten aus der Bourgeoisie häufig tun. Es wäre unsinnig, zu glauben, man könne in einer Gesellschaft, die auf schrankenloser Unterdrückung und Verrohung der Arbeitermassen aufgebaut ist, die religiösen Vorurteile auf rein propagandistischem Wege zerstreuen. Es wäre bürgerliche Beschränktheit, zu vergessen, daß der auf der Menschheit lastende Druck der Religion nur Produkt und Spiegelbild des ökonomischen Drucks innerhalb der Gesellschaft ist. Durch keine Broschüren, durch keine Propaganda kann man das Proletariat aufklären, wenn es nicht durch seinen eigenen Kampf gegen die finsteren Mächte des Kapitalismus aufgeklärt wird. Die Einheit dieses wirklich revolutionären Kampfes der unterdrückten Klasse für ein Paradies auf Erden ist uns wichtiger als die Einheit der Meinungen der Proletarier über das Paradies im Himmel.

Das ist der Grund, warum wir in unserem Programm von unserem Atheismus nicht sprechen und nicht sprechen dürfen; das ist der Grund, warum wir den Proletariern, die noch diese oder jene Überreste der alten Vorurteile bewahrt haben, die Annäherung an unsere Partei nicht verwehren und nicht verwehren dürfen. Die wissenschaftliche Weltanschauung werden wir immer propagieren, und die Inkonsequenz irgendwelcher »Christen« müssen wir bekämpfen; das bedeutet aber durchaus nicht, daß man die religiöse Frage an die erste Stelle rücken soll, die ihr keineswegs zukommt, daß man eine Zersplitterung der Kräfte des wirklich revolutionären, des ökonomischen und politischen Kampfes um drittrangiger Meinungen oder Hirngespinste willen zulassen soll, die rasch jede politische Bedeutung verlieren und durch den ganzen Gang der ökonomischen Entwicklung bald in die Rumpelkammer geworfen werden.

Die reaktionäre Bourgeoisie hat überall danach getrachtet und beginnt jetzt auch bei uns danach zu trachten, den religiösen Hader zu entfachen, um so die Aufmerksamkeit der Massen von den wirklich wichtigen und grundlegenden ökonomischen und politischen Fragen abzulenken, die das gesamtrussische Proletariat, das sich in seinem revolutionären Kampf zusammenschließt, jetzt praktisch löst. Diese reaktionäre Politik der Zersplitterung der proletarischen Kräfte, die sich heute hauptsächlich in Pogromen der Schwarzhunderter äußert, kann morgen sehr wohl auch irgendwelche raffinierteren Formen ersinnen. Wir werden ihr jedenfalls die ruhige, beharrliche und geduldige, von jeder Aufbauschung zweitrangiger Meinungsverschiedenheiten freie Propaganda der proletarischen Solidarität und der wissenschaftlichen Weltanschauung entgegenstellen.

Das revolutionäre Proletariat wird durchsetzen, daß die Religion für den Staat wirklich zur Privatsache wird. Und unter diesem, vom mittelalterlichen Moder gesäuberten politischen Regime wird das Proletariat einen breiten und offenen Kampf führen, um die ökonomische Sklaverei, diese wahre Quelle der religiösen Verdummung der Menschheit, zu beseitigen.

»Nowaja Shisn« Nr. 28, 3. Dezember 1905.
Werke, Bd. 10, S. 70–75.

Leo Tolstoi als Spiegel der russischen Revolution

Den Namen des großen Künstlers neben die Revolution gestellt zu sehen, die er offenkundig nicht verstanden hat, von der er sich offenkundig abseits hielt, mag auf den ersten Blick seltsam und gekünstelt anmuten. Man wird doch nicht etwas als Spiegel bezeichnen, was eine Erscheinung augenfällig nicht richtig wiedergibt? Aber unsere Revolution ist eine außerordentlich komplizierte Erscheinung; zu der Masse ihrer unmittelbaren Vollstrecker und Teilnehmer gehören viele soziale Elemente, die gleichfalls die Geschehnisse offenkundig nicht begriffen und sich gleichfalls abseits hielten von den wirklichen historischen Aufgaben, vor die sie durch den Gang der Ereignisse gestellt wurden. Doch haben wir es mit einem wirklich großen Künstler zu tun, so mußte er wenigstens einige wesentliche Seiten der Revolution in seinen Werken widerspiegeln.

Die legale russische Presse, die übervoll ist von Artikeln, Briefen und Notizen zum 80. Geburtstag Tolstois, interessiert sich am allerwenigsten für eine Analyse seiner Werke vom Standpunkt des Charakters der russischen Revolution und ihrer Triebkräfte. Diese ganze Presse trieft in übelster Weise von Heuchelei, von einer Heuchelei doppelter Art: einer offiziellen und einer liberalen. Die erste ist die plumpe Heuchelei käuflicher Skribenten, die gestern den Befehl hatten, gegen Leo Tolstoi zu hetzen, heute aber Patriotismus bei ihm ausfindig machen und versuchen sollen, vor Europa den Anstand zu wahren. Daß die Skribenten dieser Sorte ihr Geschreibsel bezahlt bekommen, weiß jedermann, und irreführen können sie niemanden. Weit raffinierter und darum weit schädlicher und gefährlicher ist die liberale Heuchelei. Hört man die kadettischen Balalaikins[14] von der »Retsch«, so scheinen sie Tolstoi vollste und wärmste Sympathie entgegenzubringen. In Wirklichkeit sind die berechnete Deklamation und die schwülstigen Phrasen vom »großen Gottsucher« ein einziger Lug und Trug, denn weder glaubt der russische Liberale an den Tolstoischen Gott, noch sympathisiert er mit der Tolstoischen Kritik an der bestehenden Gesellschaftsordnung. Er schmiert sich an den populären Namen an, um sein politisches Kapitälchen zu vermehren, um sich als Führer der gesamtnationalen Opposition aufspielen zu können, er ist bemüht, durch Gepolter und Phrasengeklingel das Bedürfnis nach offener und klarer Beantwortung der Frage zu *übertönen:* wodurch sind die schreienden Widersprüche im »Tolstoianertum« hervorgerufen, und welche Mängel und Schwächen unserer Revolution bringen sie zum Ausdruck?

In den Werken, Anschauungen, Lehren, in der Schule Tolstois sind tatsächlich schreiende Widersprüche enthalten. Einerseits ein genialer Künstler, der nicht nur unvergleichliche Bilder aus dem russischen Leben, sondern auch erstklassige Werke der Weltliteratur geschaffen hat. Anderseits ein Gutsbesitzer, der sich als Narr in Christo gefällt. Einerseits ein wunderbar starker, unmittelbarer und aufrichtiger Protest gegen gesellschaftliche Verlogenheit und Heuchelei, anderseits ein »Tolstoianer«, d. h. ein verschlissener, hysterischer Jammerlappen, russischer Intellektueller geheißen, der sich öffentlich an die Brust schlägt und sagt: »Ich bin schlecht, ich bin ekelhaft, aber ich lasse mir die sittliche Selbstvervollkommnung angelegen sein: ich esse kein Fleisch mehr und nähre mich jetzt von Reiskoteletts.« Einerseits schonungslose Kritik an der kapitalistischen Ausbeutung, Entlarvung der Gewalttaten der Regierung, der Justiz- und Staatsverwaltungskomödie, Enthüllung der ganzen Tiefe der Widersprüche zwischen dem Anwachsen des Reichtums sowie der zivilisatorischen Errungenschaften und dem Anwachsen der Armut, der Verwilderung und der Qualen der Arbeitermassen; anderseits eine verzückt-wahnsinnige Predigt des »Verzichts auf« gewaltsamen »Widerstand gegen das Böse«. Einerseits nüchternster Realismus, Herunterreißen jeglicher Masken; anderseits Predigt eines der abscheulichsten Dinge, die es überhaupt auf der

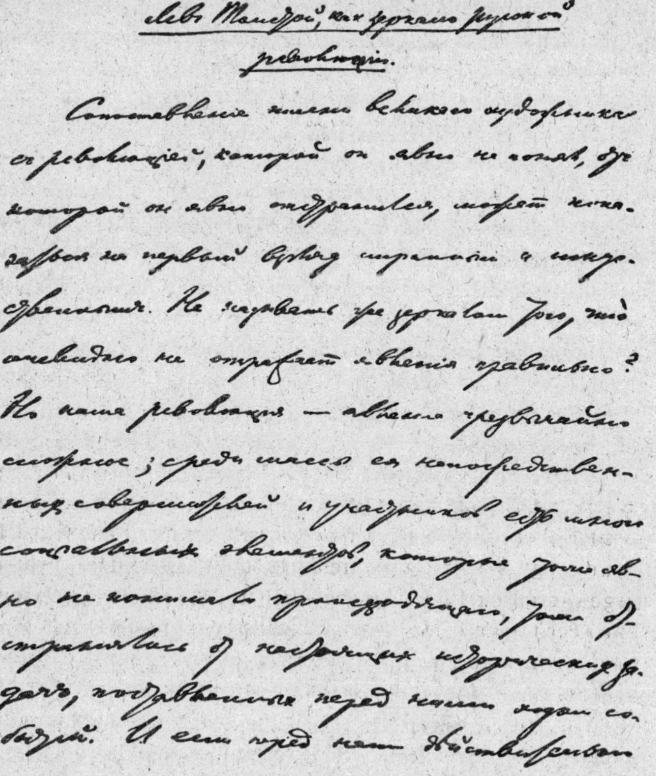
Левъ Толстой, какъ зеркало русской
революціи.

Сопоставленіе имени великаго художника
съ революціей, которой онъ явно не понялъ, отъ
которой онъ явно отстранился, можетъ пока-
заться на первый взглядъ страннымъ и искус-
ственнымъ. Не называть же зеркаломъ того, что
очевидно не отражаетъ явленія правильно?
Но наша революція — явленіе чрезвычайно
сложное; среди массы ея непосредствен-
ныхъ совершителей и участниковъ есть много
соціальныхъ элементовъ, которые тоже яв-
но не понимали происходящаго, тоже от-
странялись отъ настоящихъ историческихъ за-
дачъ, поставленныхъ передъ ними ходомъ со-
бытій. И если передъ нами дѣйствительно

Erste Seite des Manuskripts
»Leo Tolstoi als Spiegel der russischen Revolution«

Welt gibt, nämlich der Religion, das Bestreben, die Pfaffen mit behördlicher Bestallung zu ersetzen durch Pfaffen aus sittlicher Überzeugung, d. h. Kultivierung der raffiniertesten und deshalb besonders widerwärtigen Pfäfferei. Wahrhaftig:

Du bist armselig und reich,
Mächtig und ohnmächtig zugleich,
Mütterchen Rußland!

Daß Tolstoi angesichts solcher Widersprüche sowohl die Arbeiterbewegung und ihre Rolle im Kampf für den Sozialismus als auch die russische Revolution absolut nicht verstehen konnte, liegt auf der Hand. Aber die Widersprüche in den Anschauungen und Lehren Tolstois sind keine Zufälligkeiten, sie sind vielmehr Ausdruck jener widerspruchsvollen Bedingungen, unter denen sich das russische Leben während des letzten Drittels des 19. Jahrhunderts abspielte. Das patriarchalische Dorf, gestern erst von der Leibeigenschaft befreit, wurde dem Kapital und dem Fiskus zur restlosen Ausplünderung überlassen. Die alten Grundpfeiler der bäuerlichen Wirtschaft und des bäuerlichen Lebens, Grundpfeiler, die sich tatsächlich Jahrhunderte hindurch gehalten hatten, gingen ungewöhnlich schnell in die Brüche. Nun sind die Widersprüche in Tolstois Anschauungen nicht unter dem Gesichtspunkt der modernen Arbeiterbewegung und des modernen Sozialismus zu beurteilen (eine solche Würdigung ist natürlich notwendig, aber sie genügt nicht), sondern vom Gesichtspunkt jenes im patriarchalischen russischen Dorf unweigerlich laut werdenden Protestes gegen den hereinbrechenden Kapitalismus, gegen den Ruin der Massen und ihre Vertreibung von der Scholle. Tolstoi ist lächerlich als Prophet, der neue Rezepte zur Rettung der Menschheit erfunden hat – und ganz erbärmlich sind daher die ausländischen und russischen »Tolstoianer«, die ausgerechnet die schwächste Seite seiner Lehre zum Dogma erheben wollen. Tolstoi ist groß, soweit er die Ideen und Stimmungen zum Ausdruck bringt, die zur Zeit des Anbruchs der bürgerlichen Revolution in Rußland unter den Millionenmassen der russischen Bauernschaft aufkamen. Tolstoi ist originell, weil die

Gesamtheit seiner Anschauungen, als Ganzes genommen, gerade die Besonderheiten unserer Revolution als einer *bäuerlichen* bürgerlichen Revolution zum Ausdruck bringt. Unter diesem Blickwinkel betrachtet, sind die Widersprüche in Tolstois Anschauungen ein wirkliches Spiegelbild jener widerspruchsvollen Bedingungen, unter denen die Bauernschaft in unserer Revolution ihre historische Tätigkeit aufnahm. Einerseits hatte der jahrhundertelange Druck der Leibeigenschaft und die jahrzehntelange forcierte Ruinierung nach der Reform ganze Berge von Haß, Erbitterung und verzweifelter Entschlossenheit aufgetürmt. Das Bestreben, sowohl die Staatskirche als auch die Gutsherren und ihre Regierung restlos hinwegzufegen, alle alten Formen und Konventionen des Grundbesitzes zu zerschlagen, das Land zu säubern und an Stelle des Polizei- und Klassenstaates ein Gemeinwesen freier und gleichberechtigter Kleinbauern zu schaffen – dieses Bestreben durchzieht wie ein roter Faden jeden historischen Schritt der Bauern in unserer Revolution, und zweifellos entspricht der Ideengehalt der Schriften Tolstois weit mehr diesem Streben der Bauern als dem abstrakten »christlichen Anarchismus«, als welcher das »System« seiner Anschauungen mitunter gewertet wird.

Anderseits zeigte die Bauernschaft bei ihrem Streben nach neuen Formen des Zusammenlebens einen großen Mangel an Bewußtheit, eine patriarchalische, religiös-närrische Unbekümmertheit gegenüber den Fragen, wie dies Gemeinwesen aussehen soll, durch welchen Kampf sie sich Freiheit zu erringen hat, wer in diesem Kampf ihr Führer sein kann, wie sich die Bourgeoisie und die bürgerliche Intelligenz zu den Interessen der Bauernrevolution stellen, warum der Grundbesitz der Gutsherren nur durch gewaltsamen Sturz der Zarenmacht vernichtet werden kann. Ihr ganzes bisheriges Leben hat die Bauernschaft den gnädigen Herrn und den Staatsbeamten hassen gelehrt, aber es hat sie nicht gelehrt und konnte sie auch nicht lehren, wo sie die Antwort auf alle diese Fragen zu suchen hat. In unserer Revolution hat der kleinere Teil der Bauernschaft wirklich gekämpft und sich zu diesem Zweck wenigstens einigermaßen organisiert, und nur ein ganz geringer Teil hat sich mit der Waffe in der Hand erhoben, um seine Feinde niederzusäbeln, um den Zarenknechten und Verteidigern der Gutsbesitzer den Garaus zu machen. Der größere Teil der Bauernschaft jammerte und betete, räsonierte und träumte, schrieb Petitionen und entsandte »Fürbitter« – ganz im Geiste Leo Nikolajewitsch Tolstois! Und wie es in solchen Fällen stets zu sein pflegt, bewirkte das tolstoianische Sich-Fernhalten von der Politik, das Fehlen von Interesse und Verständnis für die Politik, daß dem klassenbewußten und revolutionären Proletariat nur eine Minderheit folgte, die Mehrheit dagegen eine Beute jener prinzipienlosen und knechtseligen bürgerlichen Intellektuellen wurde, die, Kadetten genannt, aus einer Versammlung der Trudowiki in das Vorzimmer Stolypins liefen, bettelten, kuhhandelten, versöhnten, zu versöhnen versprachen – bis ein Kommißstiefel sie mit einem Tritt hinausbeförderte. Tolstois Ideen sind ein Spiegel der Schwäche, der Mängel unseres Bauernaufstands, ein Abbild der Schwammigkeit des patriarchalischen Dorfes und der eingewurzelten Feigheit des »tüchtigen Bäuerleins«.

Man nehme die Soldatenaufstände der Jahre 1905/1906. Ihrer sozialen Herkunft nach stammten diese Kämpfer unserer Revolution aus der Bauernschaft und dem Proletariat. Das letztere bildete die Minderheit; darum zeigt die Bewegung innerhalb des Heeres auch nicht annähernd jene Geschlossenheit im Maßstab ganz Rußlands, nicht jenes Parteibewußtsein, wie das Proletariat es an den Tag legte, das wie auf einen Wink mit dem Zauberstab sozialdemokratisch wurde. Anderseits ist nichts irriger als die Auffassung, die Soldatenaufstände seien mißlungen, weil es an Führern aus dem Offizierskorps gefehlt hätte. Im Gegenteil, der gigantische Fortschritt der Revolution seit den Zeiten der »Narodnaja Wolja« äußerte sich gerade darin, daß der »Muschkote«, dessen Selbständigkeit die liberalen Gutsherren und das liberale Offizierskorps so sehr erschreckte, zur Waffe gegen die Obrigkeit griff. Der Soldat war voller Sympathie für die Sache der

Bauern; seine Augen leuchteten auf, sobald nur ein Wort vom Boden fiel. So manches Mal ging die Befehlsgewalt in der Truppe in die Hände der Soldatenmasse über, aber entschlossen ausgenutzt wurde diese Gewalt fast nie; die Soldaten schwankten; einige Tage, mitunter wenige Stunden, nachdem sie irgendeinen verhaßten Vorgesetzten getötet hatten, setzten sie die anderen wieder auf freien Fuß, nahmen Verhandlungen mit den Behörden auf und ließen sich dann erschießen, sich mit Ruten auspeitschen, sich wieder ins Joch spannen – ganz im Geiste Leo Nikolajewitsch Tolstois!

Tolstoi widerspiegelte den siedenden Haß, den herangereiften Drang zum Besseren, das Verlangen, sich vom Vergangenen zu befreien – und die unreife Träumerei, den Mangel an politischer Schulung, die Schlappheit und Unfähigkeit zu revolutionärem Handeln. Die historisch-ökonomischen Bedingungen bieten die Erklärung sowohl dafür, daß der revolutionäre Kampf der Massen aufflammen mußte, als auch für deren mangelnde Kampfvorbereitung, für den tolstoianischen Verzicht auf Widerstand gegen das Böse, der eine der wesentlichsten Ursachen für die Niederlage der ersten revolutionären Kampagne war.

Geschlagene Armeen, sagt man, lernen gut. Freilich ist ein Vergleich revolutionärer Klassen mit Armeen nur in sehr begrenztem Sinne richtig. Die Entwicklung des Kapitalismus verändert und verschärft mit jeder Stunde die Bedingungen, welche die Millionenmassen der Bauern, zusammengeschweißt durch den Haß gegen die Gutsbesitzer – die Fronherren – und ihre Regierung, in den revolutionär-demokratischen Kampf trieben. Innerhalb der Bauernschaft selbst verdrängt der wachsende Warenaustausch, die zunehmende Herrschaft des Marktes und die stets größer werdende Macht des Geldes immer mehr die patriarchalischen alten Zustände und die patriarchalische tolstoianische Ideologie. Aber eine Errungenschaft der ersten Revolutionsjahre und der ersten Niederlagen im revolutionären Massenkampf steht außer Zweifel: die Tatsache, daß der früheren Schlappheit und Niedergeschlagenheit der Massen der Todesstoß versetzt wurde. Die Trennungslinien sind schärfer geworden. Klassen und Parteien haben sich voneinander abgegrenzt. Unter dem Hammer der Stolypinschen Lektionen, bei unablässiger, konsequenter Agitation der revolutionären Sozialdemokraten wird nicht nur das sozialistische Proletariat, sondern werden auch die demokratischen Massen der Bauernschaft unweigerlich immer standhaftere Kämpfer hervorbringen, die immer weniger anfällig werden für unsere historische Sünde, das Tolstoianertum.

»Proletari« Nr. 35, 11. (24.) September 1908.
Werke, Bd. 15, S. 197–204.

Über das Verhältnis der Arbeiterpartei zur Religion

Die Rede des Abgeordneten Surkow in der Reichsduma bei der Behandlung des Budgets des Synods und die unten veröffentlichten Diskussionsreden in unserer Dumafraktion bei der Erörterung des Entwurfs dieser Rede haben eine gerade jetzt höchst wichtige und aktuelle Frage aufgeworfen. Ein Interesse für alles, was mit der Religion zusammenhängt, hat heute zweifellos weite Kreise der »Gesellschaft« erfaßt und hat sich auch in der der Arbeiterbewegung nahestehenden Intelligenz sowie in gewissen Kreisen der Arbeiter ausgebreitet. Die Sozialdemokratie ist unbedingt verpflichtet, ihr Verhältnis zur Religion klar darzulegen.

Die ganze Weltanschauung der Sozialdemokratie ist auf dem wissenschaftlichen Sozialismus, d.h. dem Marxismus aufgebaut. Die philosophische Grundlage des Marxismus bildet, wie sowohl Marx als auch Engels wiederholt erklärt haben, der dialektische Materialismus, der die historischen Traditionen des Materialismus des 18. Jahrhunderts in Frankreich sowie Feuerbachs (erste Hälfte des 19. Jahrhunderts) in Deutschland in vollem Umfang aufgegriffen hat – eines Materialismus, der unbedingt atheistisch und jeder Religion entschieden feind ist. Wir erinnern daran, daß der ganze »Anti-Dühring« von Engels, den Marx im Manuskript gelesen hat, den Materialisten und Atheisten Dühring des inkonsequenten Materialismus überführt, daß er nachweist, wie Dühring der Religion und einer Religionsphilosophie Hintertürchen offenläßt. Wir erinnern daran, daß Engels in seinem Werk über Ludwig Feuerbach diesem vorwirft, er habe die Religion bekämpft, nicht um sie abzuschaffen, sondern um sie zu erneuern, um eine neue, »höhere« Religion zu konstruieren u. dgl. m. Die Religion ist das Opium des Volkes – dieser Ausspruch von Marx bildet den Eckpfeiler der ganzen Weltanschauung des Marxismus in der

Frage der Religion.[15] Der Marxismus betrachtet alle heutigen Religionen und Kirchen, alle religiösen Organisationen stets als Organe der bürgerlichen Reaktion, die die Ausbeutung verteidigen und die Arbeiterklasse verdummen und umnebeln sollen.

Zugleich verurteilte Engels jedoch wiederholt die Versuche von Leuten, die »linker« oder »revolutionärer« sein wollten als die Sozialdemokratie, in das Programm der Arbeiterpartei ein direktes Bekenntnis zum Atheismus im Sinne einer Kriegserklärung an die Religion hineinzubringen. Im Jahre 1874 stellte er, als er über das berühmte Manifest der blanquistischen Kommuneflüchtlinge sprach, die als Emigranten in London lebten, deren lärmende Kriegserklärung an die Religion als Dummheit hin und erklärte, eine solche Kriegsansage sei das beste Mittel, das Interesse für die Religion zu beleben und das wirkliche Absterben der Religion zu erschweren. Engels warf den Blanquisten vor, sie vermöchten nicht zu begreifen, daß allein der Klassenkampf der Arbeitermassen, der die breitesten Schichten des Proletariats allseitig in die bewußte und revolutionäre gesellschaftliche *Praxis* einbezieht, imstande sei, die unterdrückten Massen vom Joch der Religion wirklich zu befreien, während es eine anarchistische Phrase sei, den Krieg gegen die Religion zur politischen Aufgabe der Arbeiterpartei zu proklamieren.[16] Und im Jahre 1877 brandmarkte Engels im »Anti-Dühring« schonungslos selbst die geringsten Zugeständnisse des Philosophen Dühring an den Idealismus und die Religion, verurteilte aber zugleich nicht minder entschieden die angeblich revolutionäre Idee Dührings, in der sozialistischen Gesellschaft die Religion zu verbieten. Der Religion einen solchen Krieg ansagen heißt nach Engels »den Bismarck überbismarcken«, d.h. die Torheit des Bismarckschen Kampfes gegen die Klerikalen wiederholen (der berüchtigte «»Kulturkampf«», d.h. der Kampf, den Bismarck in den siebziger Jahren durch polizeiliche Verfolgungen des Katholizismus gegen die deutsche Partei der Katholiken, die »Zentrums«partei, führte). Durch diesen Kampf hat Bismarck den streitbaren Klerikalismus der Katholiken nur *gestärkt*, hat er der Sache der wirklichen Kultur nur Abbruch getan, denn statt der politischen Scheidewände rückte er die religiösen Scheidewände in den Vordergrund und lenkte so die Aufmerksamkeit gewisser Schichten der Arbeiterklasse und der Demokratie von den dringenden Aufgaben des revolutionären und des Klassenkampfes auf einen ganz oberflächlichen und bürgerlich-verlogenen Antiklerikalismus ab. Engels erhob gegen Dühring, der ultrarevolutionär sein wollte, den Vorwurf, dieselbe Torheit Bismarcks in anderer Form wiederholen zu wollen, und forderte von der Arbeiterpartei, sie müsse es verstehen, geduldig an der Organisierung und Aufklärung des Proletariats zu arbeiten – das werde zum Absterben der Religion führen, sie dürfe sich aber nicht in das Abenteuer eines politischen Krieges gegen die Religion stürzen.[17] Diese Auffassung ist der deutschen Sozialdemokratie in Fleisch und Blut übergegangen; sie hat sich zum Beispiel für die freie Betätigung der Jesuiten, für ihre Zulassung in Deutschland, für die Aufhebung aller polizeilichen Kampfmaßnahmen gegen irgendeine Religion ausgesprochen. »Erklärung der Religion zur Privatsache« – in diesem berühmten Punkt des Erfurter Programms (1891) wurde die dargelegte politische Taktik der Sozialdemokratie verankert.

Inzwischen ist diese Taktik aber zur Schablone geworden und hat bereits eine neue Verfälschung des Marxismus in der entgegengesetzten Richtung, in Richtung des Opportunismus, erzeugt. Man begann den Satz des Erfurter Programms so auszulegen, als ob wir Sozialdemokraten, als ob unsere Partei die Religion als Privatsache *betrachten*, als ob für uns als Sozialdemokraten, für uns als Partei die Religion Privatsache sei. Ohne sich in eine direkte Polemik gegen diese opportunistische Auffassung einzulassen, hat Engels es in den neunziger Jahren für notwendig befunden, entschieden gegen sie Stellung zu nehmen, nicht in polemischer, sondern in positiver Form. Und zwar hat er es in Form einer von ihm bewußt hervorgehobenen Erklärung getan, die Sozialdemokratie betrachte die Religion *dem Staat gegenüber* als Privatsache[18], keineswegs aber sich selbst, keineswegs dem Marxismus, keineswegs der Arbeiterpartei gegenüber.

Das ist die äußere Geschichte der Stellungnahmen von Marx und Engels zur Frage der Religion. Leuten, die sich dem Marxismus gegenüber oberflächlich verhalten, Leuten, die nicht denken können oder wollen, erscheint diese Geschichte als ein Knäuel sinnloser Widersprüche und Schwankungen des Marxismus: sozusagen als ein Mischmasch aus »konsequentem« Atheismus und »Nachsicht« gegenüber der Religion, als irgendein »prinzipienloses« Schwanken zwischen dem r-r-revolutionären Krieg gegen Gott und dem feigen Bestreben, den gläubigen Arbeitern »nach dem Munde zu reden«, der Furcht, sie abzuschrecken usw. usf. In der Literatur der anarchistischen Phrasendrescher kann man gar manche Ausfälle dieser Art gegen den Marxismus finden.

Wer jedoch auch nur halbwegs fähig ist, den Marxismus ernsthaft zu ergründen, sich in seine philosophischen Grundlagen und in die Erfahrungen der internationalen Sozialdemokratie hineinzudenken, der wird leicht erkennen, daß die Taktik des Marxismus gegenüber der Religion ganz konsequent und von Marx und Engels gründlich durchdacht ist, daß das, was Dilettanten oder Ignoranten für Schwankungen halten, eine direkte und unumgängliche Schlußfolgerung aus dem dialektischen Materialismus ist. Es wäre grundfalsch zu glauben, daß sich die vermeintliche »Mäßigung« des Marxismus gegenüber der Religion aus sogenannten »taktischen« Erwägungen – im Sinne des Bestrebens, »nicht abzuschrecken« usw. – erkläre. Im Gegenteil, die politische Linie des Marxismus steht auch in dieser Frage in untrennbarem Zusammenhang mit seinen philosophischen Grundlagen.

Marxismus ist Materialismus. Als solcher steht er der Religion ebenso schonungslos feindlich gegenüber wie der Materialismus der Enzyklopädisten des 18. Jahrhunderts[19] oder der Materialismus Feuerbachs. Das steht außer Zweifel. Aber der dialektische Materialismus von Marx und Engels geht weiter als jener der Enzyklopädisten und Feuerbachs, denn er wendet die materialistische Philosophie auf das Gebiet der Geschichte, auf das Gebiet der Gesellschaftswissenschaften an. Wir müssen die Religion bekämpfen. Das ist das Abc des *gesamten* Materialismus und folglich auch des Marxismus. Aber der Marxismus ist kein Materialismus, der beim Abc stehengeblieben ist. Der Marxismus geht weiter. Er sagt: Man muß *verstehen,* die Religion zu bekämpfen, dazu aber ist es notwendig, den Ursprung, den Glauben und Religion unter den Massen haben, *materialistisch* zu erklären. Den Kampf gegen die Religion darf man nicht auf abstrakt-ideologische Propaganda beschränken, darf ihn nicht auf eine solche Propaganda reduzieren, sondern er muß in Zusammenhang gebracht werden mit der konkreten Praxis der Klassenbewegung, die auf die Beseitigung der sozialen Wurzeln der Religion abzielt. Warum findet die Religion in den rückständigen Schichten des städtischen Proletariats, in breiten Schichten des Halbproletariats und auch in der Hauptmasse der Bauernschaft noch Boden? Wegen der Unwissenheit des Volkes, antwortet der bürgerliche Fortschrittler, der Radikale oder der bürgerliche Materialist. Also, nieder mit der Religion, es lebe der Atheismus, die Verbreitung atheistischer Anschauungen ist unsere Hauptaufgabe. Der Marxist sagt: Das ist falsch. Eine solche Auffassung ist oberflächliche, bürgerlich beschränkte Kulturbringerei. Eine solche Auffassung erklärt die Wurzeln der Religion nicht gründlich genug, nicht materialistisch, sondern idealistisch. In den modernen kapitalistischen Staaten sind diese Wurzeln hauptsächlich *sozialer* Natur. Die soziale Unterdrückung der werktätigen Massen, ihre scheinbar völlige Ohnmacht gegenüber den blind waltenden Kräften des Kapitalismus, der den einfachen arbeitenden Menschen täglich und stündlich tausendmal mehr entsetzlichste Leiden und unmenschlichste Qualen bereitet als irgendwelche außergewöhnlichen Ereignisse wie Kriege, Erdbeben usw. – darin liegt heute die tiefste Wurzel der Religion. »Die Furcht hat die Götter erzeugt.« Die Furcht vor der blind wirkenden Macht des Kapitals, blind, weil ihr Wirken von den Volksmassen nicht vorausgesehen werden kann und dem Proletarier und dem Kleineigentümer bei jedem Schritt ihres Lebens den »plötzlichen«, »unerwarteten«, »zufälligen« Ruin, den Untergang, die Verwandlung in einen Bettler, einen Pauper, eine Prostituierte, den Hungertod zu bringen droht und auch tatsächlich bringt – das ist jene *Wurzel* der heutigen Religion, die der Materialist vor allem und am meisten beachten muß, wenn er nicht ein Abc-Schütze des Materialismus bleiben will. Keine Aufklärungsschrift wird die Religion aus den Massen austreiben, die, niedergedrückt durch die kapitalistische Zwangsarbeit, von den blind waltenden, zerstörerischen Kräften des Kapitalismus abhängig bleiben, solange diese Massen nicht selbst gelernt haben werden, diese *Wurzel* der Religion, die *Herrschaft des Kapitals* in all ihren Formen vereint, organisiert, planmäßig, bewußt zu bekämpfen.

Folgt daraus etwa, daß eine Aufklärungsschrift gegen die Religion schädlich oder überflüssig wäre? Keineswegs. Daraus ergibt sich etwas ganz anderes. Daraus folgt, daß die atheistische Propaganda der Sozialdemokratie ihrer Hauptaufgabe *untergeordnet* sein muß: der Entfaltung des Klassenkampfes der ausgebeuteten *Massen* gegen die Ausbeuter.

Jemand, der sich nicht in die Grundlagen des dialektischen Materialismus, d.h. der Philosophie von Marx und Engels, vertieft hat, wird diese These möglicherweise nicht begreifen (oder zumindest nicht sofort begreifen). Wie soll das möglich sein? Die ideologische Propaganda, die Propagierung bestimmter Ideen, der Kampf gegen den Feind der Kultur und des Fortschritts, der sich seit Jahrtausenden am Leben hält (d.h. gegen die Religion), soll dem Klassenkampf, d.h. dem Kampf für bestimmte praktische Ziele auf ökonomischem und politischem Gebiet, untergeordnet werden?

Ein solcher Einwand gehört zu den landläufigen Einwänden gegen den Marxismus, die nur davon zeugen, daß man die Marxsche Dialektik ganz und gar nicht verstanden hat. Der Widerspruch, der alle jene verwirrt, die solche Einwände erheben, ist ein lebendiger Widerspruch des lebendigen Lebens, d. h. ein dialektischer Widerspruch und kein Widerspruch in Worten, kein ausgedachter Widerspruch. Die theoretische Propaganda des Atheismus, d. h. die Zerstörung des religiösen Glaubens bei gewissen Schichten des Proletariats, durch eine absolute, unüberschreitbare Grenze von dem Erfolg, dem Verlauf, den Bedingungen des Klassenkampfes dieser Schichten trennen heißt undialektisch denken, heißt das zu einer absoluten Grenze machen, was eine bewegliche, relative Grenze ist, heißt etwas gewaltsam auseinanderreißen, was in der lebendigen Wirklichkeit untrennbar miteinander verbunden ist. Nehmen wir ein Beispiel. Gesetzt, das Proletariat eines bestimmten Gebiets und eines bestimmten Industriezweigs zerfalle in eine fortgeschrittene Schicht ziemlich bewußter Sozialdemokraten, die selbstverständlich Atheisten sind, und in ziemlich rückständige, noch mit dem Dorf und der Bauernschaft verbundene Arbeiter, die an Gott glauben, in die Kirche gehen oder sogar unter dem direkten Einfluß des Ortsgeistlichen stehen, der, sagen wir, einen christlichen Arbeiterverein gründet. Gesetzt ferner, der ökonomische Kampf habe in einem solchen Ort zu einem Streik geführt. Der Marxist ist verpflichtet, den Erfolg der Streikbewegung in den Vordergrund zu stellen, einer Aufspaltung der Arbeiter in diesem Kampf in Atheisten und Christen entschieden entgegenzuwirken und gegen eine solche Aufspaltung entschieden zu kämpfen. Atheistische Propaganda kann unter diesen Umständen ganz überflüssig, ja schädlich sein – nicht vom Standpunkt spießerlicher Erwägungen über die Abschreckung der rückständigen Schichten, über einen Mandatsverlust bei den Wahlen usw., sondern vom Standpunkt des wirklichen Fortschritts des Klassenkampfes, der unter den Verhältnissen der modernen kapitalistischen Gesellschaft die christlichen Arbeiter hundertmal besser zur Sozialdemokratie und zum Atheismus führen wird als die bloße atheistische Propaganda. Ein Propagandist des Atheismus würde in einem solchen Augenblick und unter solchen Umständen nur dem Pfaffen und dem Pfaffentum

Vorschub leisten, die nichts sehnlicher wünschen als eine Aufspaltung der Arbeiter nach dem Glauben an Gott anstatt ihrer Scheidung nach der Streikbeteiligung. Ein Anarchist, der den Krieg gegen Gott um jeden Preis predigt, würde dadurch in Wirklichkeit den Pfaffen und der Bourgeoisie helfen (wie ja die Anarchisten *in Wirklichkeit* stets der Bourgeoisie helfen). Ein Marxist muß Materialist sein, d. h. ein Feind der Religion, doch ein dialektischer Materialist, d. h. ein Materialist, der den Kampf gegen die Religion nicht abstrakt, nicht auf dem Boden einer abstrakten, rein theoretischen, sich stets gleichbleibenden Propaganda führt, sondern konkret, auf dem Boden des Klassenkampfes, wie er sich *in Wirklichkeit* abspielt, der die Massen am meisten und am besten erzieht. Ein Marxist muß es verstehen, die ganze konkrete Situation zu berücksichtigen, stets die Grenze zwischen Anarchismus und Opportunismus zu finden (diese Grenze ist relativ, beweglich, veränderlich, aber sie existiert), er darf weder in das abstrakte, phrasenhafte, in Wirklichkeit hohle »Revoluzzertum« des Anarchisten verfallen noch in das Spießertum und den Opportunismus des Kleinbürgers oder des liberalen Intellektuellen, der sich nicht traut, gegen die Religion zu kämpfen, der diese seine Aufgabe vergißt, sich mit dem Glauben an Gott abfindet, sich nicht von den Interessen des Klassenkampfes leiten läßt, sondern von der kleinlichen, kläglichen Berechnung: niemand kränken, niemand abstoßen, niemand abschrecken – von der neunmalweisen Regel »Leben und leben lassen« usw. usf.

Von diesem Standpunkt aus müssen alle Einzelfragen gelöst werden, die das Verhältnis der Sozialdemokratie zur Religion betreffen. Oft wird zum Beispiel die Frage aufgeworfen, ob ein Geistlicher Mitglied der sozialdemokratischen Partei sein kann, und diese Frage wird gewöhnlich ohne jeden Vorbehalt bejahend beantwortet, wobei man sich auf die Erfahrungen der europäischen sozialdemokratischen Parteien beruft. Doch diese Erfahrungen sind nicht nur durch die Anwendung der Doktrin des Marxismus auf die Arbeiterbewegung zustande gekommen, sondern auch durch die besonderen historischen

Verhältnisse des Westens, die in Rußland nicht gegeben sind (wir werden auf diese Verhältnisse noch zu sprechen kommen), so daß eine bedingungslos bejahende Antwort hier falsch wäre. Man kann nicht ein für allemal und für alle Verhältnisse erklären, daß Geistliche nicht Mitglieder der sozialdemokratischen Partei sein können, aber man kann auch nicht ein für allemal die entgegengesetzte Regel aufstellen. Kommt ein Geistlicher zu uns zwecks gemeinsamer politischer Arbeit und leistet er gewissenhaft Parteiarbeit, ohne gegen das Parteiprogramm aufzutreten, so können wir ihn in die Reihen der Sozialdemokratie aufnehmen, denn der Widerspruch zwischen dem Geist und den Grundlagen unseres Programms einerseits und der religiösen Überzeugung des Geistlichen anderseits könnte unter solchen Umständen ein nur ihn allein betreffender, persönlicher Widerspruch bleiben, und eine politische Organisation kann ihre Mitglieder nicht daraufhin examinieren, ob zwischen ihren Anschauungen und dem Parteiprogramm nicht ein Widerspruch besteht. Aber selbstverständlich dürfte ein solcher Fall sogar in Europa eine seltene Ausnahme sein, während er in Rußland schon ganz unwahrscheinlich ist. Und träte z. B. ein Geistlicher in die sozialdemokratische Partei ein und begänne in dieser Partei als seine wichtigste und fast ausschließliche Arbeit eine aktive Propaganda religiöser Anschauungen zu betreiben, so müßte die Partei ihn unbedingt aus ihrer Mitte entfernen. Wir müssen es nicht nur allen Arbeitern, die den Glauben an Gott noch bewahrt haben, gestatten, der sozialdemokratischen Partei beizutreten, sondern müssen sie zielstrebig für sie gewinnen; wir sind unbedingt gegen die geringste Verletzung ihrer religiösen Überzeugungen, doch wir suchen sie zu gewinnen, um sie im Geiste unseres Programms zu erziehen, nicht aber, damit sie dieses Programm bekämpfen. Wir lassen *innerhalb* der Partei Meinungsfreiheit gelten, jedoch in gewissen, durch die Freiheit der Gruppierung bestimmten Grenzen: Wir sind nicht verpflichtet, mit solchen Leuten zusammenzugehen, die von der Mehrheit der Partei abgelehnte Anschauungen aktiv propagieren.

Ein anderes Beispiel: Kann man unter allen Umständen Mitglieder der sozialdemokratischen Partei in gleicher Weise verurteilen, wenn sie erklären: »Der Sozialismus ist meine Religion«, und wenn sie Auffassungen propagieren, die einer solchen Erklärung entsprechen? Nein. Eine Abweichung vom Marxismus (und folglich auch vom Sozialismus) liegt hier zweifellos vor, aber die Bedeutung dieser Abweichung, sozusagen ihr spezifisches Gewicht kann in verschiedenen Situationen verschieden sein. *Eine* Sache ist es, wenn ein Agitator oder jemand, der vor Arbeitermassen auftritt, so spricht, um verständlicher zu sein, um seine Darlegung zu beginnen, um seine Ansichten faßbarer darzustellen in Ausdrücken, die der unaufgeklärten Masse am geläufigsten sind. Eine *andere* Sache ist es, wenn ein Schriftsteller beginnt, »Gottbildnertum« oder einen gottbildnerischen Sozialismus zu predigen (im Sinne etwa unserer Lunatscharski und Co.). Während im ersten Falle eine Verurteilung nur Nörgelei oder sogar eine unangebrachte Beschränkung der Freiheit des Agitators, der Freiheit des »pädagogischen« Einwirkens sein könnte, ist im zweiten Falle eine Verurteilung durch die Partei notwendig und unbedingt geboten. Die These »Der Sozialismus ist eine Religion« ist für die einen eine Form des Übergangs von der Religion zum Sozialismus, für die anderen – *vom* Sozialismus zur Religion.

Behandeln wir nun die Bedingungen, die im Westen eine opportunistische Auslegung der These von der »Erklärung der Religion zur Privatsache« aufkommen ließen. Natürlich haben wir es dort mit dem Einfluß allgemeiner Ursachen zu tun, die den Opportunismus überhaupt als Opferung der fundamentalen Interessen der Arbeiterbewegung zugunsten augenblicklicher Vorteile entstehen lassen. Die Partei des Proletariats fordert *vom Staat*, die Religion zur Privatsache zu erklären, wobei sie den Kampf gegen das Opium des Volkes, den Kampf gegen den religiösen Aberglauben usw., keineswegs als »Privatsache« betrachtet. Die Opportunisten verdrehen die Sache so, als *halte die sozialdemokratische* Partei die Religion für eine Privatsache!

Aber neben der üblichen opportunistischen Verfälschung (die in der Diskussion unserer Dumafraktion über die Rede zur Frage der Religion ganz ungeklärt blieb) gibt es noch besondere historische Bedingungen, die die gegenwärtige, wenn man sich so ausdrücken darf, außerordentliche Gleichgültigkeit der europäischen Sozialdemokraten gegenüber der Frage der Religion hervorgerufen haben. Diese Bedingungen sind von zweierlei Art. Erstens stellt die Aufgabe, die Religion zu bekämpfen, historisch eine Aufgabe der revolutionären Bourgeoisie dar, und im Westen hat die bürgerliche Demokratie in der Epoche *ihrer* Revolutionen oder ihres Ansturms gegen den Feudalismus und das Mittelalter diese Aufgabe in hohem Maße erfüllt (oder suchte es jedenfalls zu tun). Sowohl in Frankreich als auch in Deutschland gibt es eine Tradition des bürgerlichen Kampfes gegen die Religion, der lange vor der Entstehung der sozialistischen Bewegung aufgenommen wurde (die Enzyklopädisten, Feuerbach). In Rußland fällt, entsprechend den Bedingungen unserer bürgerlich-demokratischen Revolution, auch diese Aufgabe fast völlig der Arbeiterklasse zu. Die kleinbürgerliche (volkstümlerische) Demokratie hat bei uns in dieser Hinsicht nicht (wie die neugebackenen Schwarzhunderterkadetten oder kadettischen Schwarzhunderter von den »Wechi«[20] glauben) zuviel, sondern im Vergleich zu Europa *zuwenig* getan.

Anderseits hat aber die Tradition des bürgerlichen Kampfes gegen die Religion in Europa auch eine spezifisch bürgerliche *Verzerrung* dieses Kampfes durch den Anarchismus hervorgebracht, der, wie die Marxisten schon längst und wiederholt klargestellt haben, bei aller »Heftigkeit« seiner Angriffe gegen die Bourgeoisie doch auf dem Boden der bürgerlichen Weltanschauung steht. Die Anarchisten und Blanquisten in den romanischen Ländern, Most (der übrigens ein Schüler Dührings war) und Co. in Deutschland und die Anarchisten der achtziger Jahre in Österreich haben die revolutionäre Phrase im Kampf gegen die Religion bis zum nec plus ultra[1] getrieben. Kein

[1] zur äußersten Grenze

Wunder, daß die europäischen Sozialdemokraten jetzt auf die Überspitzungen der Anarchisten mit *Überspitzungen nach der anderen Seite* reagieren. Das ist begreiflich und in gewissem Maße gesetzmäßig, aber es ist nicht angängig, daß wir russischen Sozialdemokraten die besonderen historischen Bedingungen des Westens vergessen.

Zweitens war im Westen *nach* Abschluß der nationalen bürgerlichen Revolutionen, *nach* Herstellung einer mehr oder weniger vollständigen Glaubensfreiheit die Frage des demokratischen Kampfes gegen die Religion durch den Kampf der bürgerlichen Demokratie gegen den Sozialismus historisch schon so sehr in den Hintergrund gedrängt, daß die bürgerlichen Regierungen *bewußt* versuchten, durch einen quasiliberalen »Feldzug« gegen den Klerikalismus die Aufmerksamkeit der Massen vom Sozialismus abzulenken. Einen solchen Charakter trug sowohl der ‹Kulturkampf› in Deutschland als auch der Kampf der bürgerlichen Republikaner Frankreichs gegen den Klerikalismus. Der bürgerliche Antiklerikalismus als Mittel, die Aufmerksamkeit der Arbeitermassen vom Sozialismus abzulenken, ging im Westen der Verbreitung der gegenwärtigen »Gleichgültigkeit« gegenüber dem Kampf gegen die Religion, wie sie heute unter den Sozialdemokraten zu finden ist, voraus. Und das ist wiederum verständlich und gesetzmäßig, denn dem bürgerlichen und dem Bismarckschen Antiklerikalismus mußten die Sozialdemokraten eben die *Unterordnung* des Kampfes gegen die Religion unter den Kampf für den Sozialismus entgegensetzen.

In Rußland liegen die Verhältnisse ganz anders. Das Proletariat ist der Führer unserer bürgerlich-demokratischen Revolution. Seine Partei muß der ideologische Führer im Kampf gegen alles Mittelalterliche sein, darunter auch gegen die alte Staatsreligion und gegen alle Versuche, sie aufzufrischen, sie neu oder in anderer Weise zu begründen usw. Engels hat den Opportunismus der deutschen Sozialdemokraten, die die Forderung der Arbeiterpartei, der *Staat* solle die Religion zur Privatsache erklären, durch die *Erklärung* der Religion zur

Privatsache für die Sozialdemokraten selbst und für die sozialdemokratische Partei ersetzten, verhältnismäßig sanft korrigiert, aber es ist begreiflich, daß die Übernahme dieser deutschen Entstellung durch die russischen Opportunisten eine *hundertfach* schärfere Verurteilung durch Engels erfahren würde.

Als unsere Fraktion von der Dumatribüne herab erklärte, die Religion sei das Opium des Volkes, handelte sie völlig richtig und schuf damit einen Präzedenzfall, der für alle Äußerungen russischer Sozialdemokraten zur Frage der Religion die Grundlage abgeben muß. Hätte man noch weiter gehen und noch ausführlicher atheistische Schlußfolgerungen ableiten sollen? Wir glauben, nein. Das hätte die Gefahr einer Überbetonung des Kampfes der politischen Partei des Proletariats gegen die Religion mit sich bringen, hätte zu einer Verwischung der Grenze zwischen dem bürgerlichen und dem sozialistischen Kampf gegen die Religion führen können. Die erste Aufgabe, die die sozialdemokratische Fraktion in der Schwarzhunderterduma zu erfüllen hatte, hat sie in Ehren erfüllt.

Die zweite und für die Sozialdemokratie wohl die wichtigste – nämlich herauszuarbeiten, welche Klassenfunktion die Kirche und die Geistlichkeit bei der Unterstützung der Schwarzhunderterregierung und der Bourgeoisie in deren Kampf gegen die Arbeiterklasse ausüben – ist gleichermaßen in Ehren erfüllt worden. Natürlich läßt sich über dieses Thema noch sehr viel sagen, und in weiteren Reden werden die Sozialdemokraten schon wissen, wodurch sie die Rede des Gen. Surkow zu ergänzen haben, aber dennoch war seine Rede ausgezeichnet, und ihre Verbreitung durch alle Parteiorganisationen ist direkte Pflicht unserer Partei.

Zum dritten hätte man ganz ausführlich den *richtigen* Sinn der von den deutschen Opportunisten so oft entstellten These »Erklärung der Religion zur Privatsache« erläutern sollen. Das hat Gen. Surkow leider nicht getan. Das ist um so mehr zu bedauern, als die Fraktion bereits in ihrer früheren Tätigkeit hinsichtlich dieser Frage den seinerzeit vom *»Proletari«* angeprangerten Fehler des Gen. Beloussow begangen hat. Die Diskussion in der Fraktion zeigt, daß die Frage nach der richtigen Darlegung der sattsam bekannten Forderung, die Religion zur Privatsache zu erklären, hier durch die Auseinandersetzung über den Atheismus überschattet worden ist. Wir werden die Schuld an diesem Fehler der gesamten Fraktion nicht Gen. Surkow allein geben. Mehr noch. Wir bekennen offen, daß hier eine Schuld der ganzen Partei vorliegt, die diese Frage nicht genügend erläutert und die Bedeutung der an die deutschen Opportunisten gerichteten Bemerkung Engels' den Sozialdemokraten nicht genügend zum Bewußtsein gebracht hat. Wie die Diskussion innerhalb der Fraktion beweist, handelt es sich hier darum, daß die Frage nicht klar verstanden wurde, keineswegs aber darum, daß man die Lehre von Marx nicht hätte berücksichtigen wollen, und wir sind überzeugt, daß der Fehler in den folgenden Reden der Fraktion korrigiert werden wird.

Im großen und ganzen, wir wiederholen es, ist die Rede des Gen. Surkow ausgezeichnet und muß von allen Organisationen verbreitet werden. Mit der Erörterung dieser Rede hat die Fraktion bewiesen, daß sie ihre sozialdemokratische Pflicht durchaus gewissenhaft erfüllt. Es bleibt zu wünschen, daß in der Parteipresse häufiger Korrespondenzen über die Diskussionen innerhalb der Fraktion erscheinen, damit die Fraktion der Partei nähergebracht, damit die Partei mit der von der Fraktion geleisteten schwierigen innerfraktionellen Arbeit vertraut gemacht und die ideologische Einheit in der Tätigkeit der Partei und der Fraktion hergestellt wird.

»Proletari« Nr. 45, 13. (26.) Mai 1909.
Werke, Bd. 15, S. 404–415.

Klassen und Parteien in ihrem Verhältnis zu Religion und Kirche

Die Debatten in der Reichsduma über das Budget des Synods, ferner über die Wiedereinsetzung der Personen, die aus dem geistlichen Stand ausgetreten sind, in ihre Rechte und schließlich über die altgläubigen Gemeinden haben höchst lehrreiches Material zur Charakterisierung der russischen politischen Parteien in ihrem Verhältnis zu Religion und Kirche geliefert. Wir wollen dieses Material allgemein analysieren und dabei vor allem auf die Debatten über das Budget des Synods eingehen (stenografische Berichte über die Debatten zu den übrigen obenerwähnten Fragen haben wir noch nicht erhalten).

Die erste Schlußfolgerung, die sich bei der Betrachtung der Dumadebatten ganz besonders aufdrängt, besagt, daß in Rußland ein streitbarer Klerikalismus nicht nur vorhanden ist, sondern offensichtlich immer stärker wird und sich organisiert. Am 16. April erklärte Bischof Mitrofan: »Die ersten Schritte unserer Dumatätigkeit waren gerade darauf gerichtet, daß wir, die wir durch die vom Volke vorgenommene hohe Wahl ausgezeichnet worden sind, uns hier in der Duma über alle Parteizwistigkeiten erheben und eine geschlossene Gruppe der Geistlichkeit bilden, die alle Seiten vom ethischen Standpunkt aus beleuchte... Was war aber der Grund, warum wir nicht zu diesem Idealzustand gelangt sind?... Die Schuld liegt bei denen, die mit Ihnen« (das heißt den Kadetten und den »Linken«) »diese Bänke teilen, nämlich an den zur Opposition gehörenden Abgeordneten aus der Geistlichkeit. Sie erhoben als erste ihre Stimme und erklärten, das bedeute nichts weiter als das Entstehen einer klerikalen Partei, was im höchsten Maße unerwünscht sei. Von Klerikalismus kann bei der russischen orthodoxen Geistlichkeit selbstverständlich keine Rede sein – Tendenzen solcher Art haben wir nie gehabt –, und mit dem Wunsch, uns zu einer besonderen Gruppe zusammenzuschließen, haben wir rein moralische, rein ethische Ziele verfolgt. Und jetzt, meine Herren, da wegen dieser Uneinigkeit, die die linken Abgeordneten in unsere brüderliche Familie getragen haben, Trennung und Aufsplitterung erfolgt ist, jetzt beschuldigen Sie« (das heißt die Kadetten) »uns des Klerikalismus.«

Bischof Mitrofan hat in seiner stümperhaften Rede ein Geheimnis ausgeplaudert: die Linken, wie man sehe, seien schuld daran, einen Teil der Dumapfaffen davon abgehalten zu haben, eine besondere »moralische« (dieses Wort ist, um das Volk zu beschwindeln, natürlich bequemer als »klerikale«) Gruppe zu bilden!

Fast einen Monat später, am 13. Mai, verlas der Bischof Jewlogi in der Duma einen »Beschluß der Dumageistlichkeit«: »Die orthodoxe Dumageistlichkeit vertritt in ihrer überwiegenden Mehrheit die Ansicht«, ... daß im Interesse »der dominierenden und herrschenden Stellung der orthodoxen Kirche« weder die Freiheit des Predigens für die Altgläubigen noch die eigenmächtige Gründung altgläubiger Gemeinden, noch die Bezeichnung der altgläubigen Geistlichen als Priester zulässig seien. Der »rein moralischc Standpunkt« der russischen Pfaffen hat sich als reinster Klerikalismus offenbart. Die »überwiegende Mehrheit« der Dumageistlichkeit, in deren Namen Bischof Jewlogi sprach, setzt sich wahrscheinlich aus den der III. Duma angehörenden 29 rechten und gemäßigt rechten Geistlichen und vielleicht noch den 8 oktobristischen Geistlichen zusammen. Die Opposition bildeten wahrscheinlich die 4 Geistlichen von der Gruppe der Progressisten und der friedlichen Erneuerer und einer von der polnisch-litauischen Gruppe.

Welches ist nun der »rein moralische, rein ethische Standpunkt der überwiegenden Mehrheit der Dumageistlichkeit« (der Geistlichen in der Duma vom 3. Juni[21], muß hinzugefügt werden)? Hier einige Auszüge aus den Reden: »Ich sage nur, daß die Initiative für diese« (d. h. kirchlichen) »Reformen von innen, von der Kirche selbst, und nicht von außen, nicht von seiten des Staates und gewiß nicht von der Budgetkommission ausgehen muß, ist doch die Kirche eine göttliche und ewige Institution, sind doch ihre Gesetze unwandelbar, während die Ideale des Staatslebens bekanntlich fortwährenden Veränderungen unterliegen.« (Bischof Jewlogi am 14. April.) Der Redner erinnert an die »beunruhigende historische Parallele«, an die Säkularisation von Kirchenbesitz unter Katharina II. »Wer kann sich dafür verbürgen, daß die Budgetkommission, die in diesem Jahr den Wunsch ausgesprochen hat, sie« (die Mittel der Kirche) »der Staatskontrolle zu unterwerfen, im nächsten Jahr nicht den Wunsch äußern wird, sie dem Schatzamt zu unterstellen, um dann ihre Verwaltung den Kirchenbehörden endgültig zu entziehen und den Zivil- oder Staatsbehörden zu übergeben? ... Die Kirchenregeln besagen, daß, wenn die christlichen Seelen dem Bischof anvertraut sind, dies um so mehr für den Kirchenbesitz zu gelten hat ... Heute steht vor Ihnen« (den Dumaabgeordneten) »Ihre geistige Mutter, die heilige orthodoxe Kirche: sie steht vor Ihnen nicht nur als Volksvertretern, sondern auch als ihren geistigen Kindern.« (Ebenda.)

Was wir hier vor uns haben, ist reinster Klerikalismus. Die Kirche stehe über dem Staat, wie das Ewige und Göttliche über dem Zeitlichen und Irdischen stehe. Die Kirche verzeiht dem Staat die Säkularisation von Kirchenbesitz nicht. Die Kirche fordert für sich die dominierende und herrschende Stellung. Die Dumaabgeordneten sind für sie nicht nur – richtiger: nicht so sehr – Volksvertreter als vielmehr ihre »geistigen Kinder«.

Das sind keine Beamten im Priestergewande, wie sich der Sozialdemokrat Surkow ausdrückte, sondern *Fronherren* im Priestergewande. Verteidigung der feudalen Privilegien der Kirche, offenes Verfechten der mittelalterlichen Zustände – darin besteht das Wesen der von der Mehrheit der Geistlichen in der dritten Duma betriebenen Politik. Bischof Jewlogi ist durchaus keine Ausnahme. Auch Gepezki zetert über die

»Säkularisation« als unzulässige »Kränkung« (am 14. April). Der Pfaffe Maschkewitsch zieht gegen den *oktobristischen* Bericht vom Leder wegen des Bestrebens, »jene historischen und kanonischen Pfeiler zu untergraben, auf denen unser kirchliches Leben ruhte und ruhen muß«, »das Leben und die Tätigkeit der russischen orthodoxen Kirche vom kanonischen Weg auf einen solchen zu lenken, auf dem ... die wirklichen Kirchenfürsten – die Bischöfe – fast alle ihre von den Aposteln überkommenen Rechte an weltliche Fürsten abtreten müßten« ... »Das ist nichts anderes als ... ein Anschlag auf fremdes Eigentum und auf die Rechte und das Vermögen der Kirche.« »Der Berichterstatter führt uns zur Zerstörung der kanonischen Ordnung des kirchlichen Lebens, er will die orthodoxe Kirche mit all ihren wirtschaftlichen Funktionen der Reichsduma unterordnen, einer Institution, die aus den verschiedenartigsten Elementen besteht, sowohl aus Konfessionen, die in unserem Staat geduldet werden, als auch aus solchen, die in ihm nicht geduldet werden.« (14. April.)

Die russischen Volkstümler und Liberalen trösteten oder, richtiger, betrogen sich lange Zeit mit der »Theorie«, in Rußland sei kein Boden vorhanden für einen streitbaren Klerikalismus, für den Kampf der »Kirchenfürsten« gegen die weltliche Macht und dergleichen. Mit den übrigen volkstümlerischen und liberalen Illusionen hat unsere Revolution auch diese Illusion zerstört. Solange die Selbstherrschaft unversehrt und unangetastet bestand, existierte der Klerikalismus in versteckter Form. Die Allmacht der Polizei und der Bürokratie verhüllte vor den Augen der »Gesellschaft« und des Volkes den Klassenkampf im allgemeinen und den Kampf der »Fronherren im Priestergewande« gegen den »gemeinen Pöbel« im besonderen. Aber bereits die erste Bresche, die das revolutionäre Proletariat und die revolutionäre Bauernschaft in die fronherrliche Selbstherrschaft schlugen, machte das Unsichtbare sichtbar. Sobald das Proletariat und die fortgeschrittenen Elemente der bürgerlichen Demokratie von der politischen Freiheit, der Freiheit der Organisierung der Massen, die sie Ende 1905 erobert hatten,

Gebrauch zu machen begannen, trachteten auch die reaktionären Klassen nach einer selbständigen und offenen Organisation. Unter dem unumschränkten Absolutismus organisierten sie sich nicht und traten nicht besonders auffallend auf – nicht weil sie schwach, sondern weil sie stark waren, nicht weil sie zur Organisierung und zum politischen Kampf unfähig gewesen wären, sondern weil sie damals noch keine ernste Notwendigkeit einer selbständigen Klassenorganisation sahen. Sie glaubten nicht an die Möglichkeit einer Massenbewegung gegen die Selbstherrschaft und die Feudalherren in Rußland. Sie verließen sich ganz darauf, daß die Knute genüge, um den Pöbel im Zaum zu halten. Gleich die ersten Wunden, die der Selbstherrschaft geschlagen wurden, zwangen aber die sozialen Elemente, die die Selbstherrschaft unterstützen und sie benötigen, ans Licht zu treten. Gegen Massen, die imstande waren, einen 9. Januar heraufzubeschwören, die Streikbewegung von 1905 zu organisieren und sich zur Oktober-Dezember-Revolution zu erheben, kann man schon nicht mehr mit der alten Knute *allein* kämpfen. Nun mußte der Weg selbständiger politischer Organisationen eingeschlagen werden; nun mußte der Rat des vereinigten Adels Schwarze Hundertschaften organisieren und hemmungsloseste Demagogie entfalten; nun mußte die reaktionäre Geistlichkeit von »den Kirchenfürsten, den Bischöfen«, als selbständige Macht organisiert werden.

Die dritte Duma und die ihr entsprechende Periode der russischen Konterrevolution sind gerade dadurch gekennzeichnet, daß diese Organisierung der reaktionären Kräfte auch nach außen hin sichtbar geworden ist, daß sie sich im gesamtnationalen Maßstab zu entfalten begonnen und ein besonderes erzreaktionär-bürgerliches »Parlament« erforderlich gemacht hat. Der streitbare Klerikalismus ist greifbar in Erscheinung getreten, und die russische Sozialdemokratie wird nunmehr des öfteren Zuschauer und Beteiligter bei Konflikten zwischen der klerikalen und der antiklerikalen Bourgeoisie sein müssen. Wenn unsere allgemeine Aufgabe darin besteht, dem Proletariat zu helfen, sich zu einer besonderen Klasse zusammenzuschließen, die sich von der bürgerlichen Demokratie abzugrenzen versteht, so ist ein Bestandteil dieser Aufgabe die Ausnutzung aller Propaganda- und Agitationsmittel, darunter auch der Dumatribüne, um den Massen den Unterschied zwischen dem sozialistischen und dem bürgerlichen Antiklerikalismus klarzumachen.

Die Oktobristen und die Kadetten haben uns durch ihr Auftreten in der III. Duma gegen die extremen Rechten, gegen die Klerikalen und die Regierung diese Aufgabe außerordentlich erleichtert, weil sie anschaulich das Verhältnis der Bourgeoisie zu Kirche und Religion demonstriert haben. Die legale Presse der Kadetten und der sogenannten Progressisten sucht jetzt die Aufmerksamkeit besonders auf die Frage der Altgläubigen zu richten, darauf, daß die Oktobristen zusammen mit den Kadetten gegen die Regierung Front gemacht und sei es auch im kleinen, »den Weg der Reformen beschritten« hätten, die am 17. Oktober versprochen wurden. Uns interessiert weit mehr die prinzipielle Seite der Frage, d. h. die Stellung, die die Bourgeoisie überhaupt, einschließlich der auf die Bezeichnung Demokraten pochenden Kadetten, gegenüber Kirche und Religion einnimmt. Wir dürfen nicht zulassen, daß die grundlegende Frage nach den Interessen und der Politik der Bourgeoisie als Klasse durch eine verhältnismäßig untergeordnete Frage aus dem Blickfeld gerückt wird, wie es der Konflikt der Altgläubigen mit der herrschenden Kirche und das Verhalten der mit den Altgläubigen verbundenen und zum Teil von ihnen sogar direkt finanziell abhängigen Oktobristen ist. (Der »Golos Moskwy« soll angeblich von den Altgläubigen finanziert werden.)

Man nehme die Rede des Grafen Uwarow, der, seiner Richtung nach Oktobrist, aus der Fraktion der Oktobristen ausgeschieden ist. Nach der Rede des Sozialdemokraten Surkow auftretend, verzichtet er von vornherein darauf, die Frage auf jenen prinzipiellen Boden zu stellen, auf den sie der Abgeordnete der Arbeiterklasse gestellt hatte. Uwarow beschränkt sich auf Angriffe gegen den Synod und den Oberprokuror[22] wegen der Weigerung, der Duma Auskunft über einige Kircheneinnahmen und über die Verausgabung der Parochialgelder[23] zu geben. Genauso wird die Frage von Kamenski, dem offiziellen Vertreter der Oktobristen, gestellt (am 16. April), der »im Interesse der Festigung des orthodoxen Glaubens« die Wiederherstellung der Parochialselbstverwaltung fordert. Dieser Gedanke wird von Kapustin, einem sogenannten »linken Oktobristen«, weitergesponnen: »Wenn wir uns dem Volksleben, dem Leben der Landbevölkerung zuwenden«, ruft er aus, »so sehen wir jetzt eine traurige Erscheinung: Es wankt das religiöse Leben, es wankt die größte, die einzige Stütze der sittlichen Verfassung der Bevölkerung... Wodurch soll der Begriff der Sünde, wodurch die Stimme des Gewissens ersetzt werden? Es kann doch nicht sein, daß an ihre Stelle der Begriff des Klassenkampfes und der Rechte der einen oder der anderen Klasse gesetzt werden könnte. Das ist ein trauriger Begriff, der bei uns in Schwang gekommen ist. Nun denn, von diesem Standpunkt, das heißt aus der Erwägung heraus, daß die Religion als Grundlage der Sittlichkeit weiterbestehen und der gesamten Bevölkerung zugänglich sein muß, ist es erforderlich, daß die Vermittler dieser Religion die gebührende Autorität genießen...«

Der Vertreter der konterrevolutionären Bourgeoisie will die Religion stärken, will den Einfluß der Religion auf die Massen ausbauen, weil er genau spürt, daß die »Beamten im Priestergewande« unzulänglich, ja altmodisch geworden sind, weil er sogar den Schaden merkt, den diese den herrschenden Klassen zufügen, indem sie die Autorität der Kirche *herabsetzen*. Der Oktobrist bekämpft die Überspitzungen des Klerikalismus und der polizeilichen Bevormundung, um den Einfluß der Religion auf die Massen *zu stärken*, um wenigstens einige allzu plumpe, allzu veraltete, allzu hinfällig gewordene, das Ziel nicht erreichende Mittel der Volksverdummung durch feinere, vervollkommnetere Mittel zu ersetzen. Die Polizeireligion genügt nicht mehr zur Verdummung der Massen, gebt uns eine kultiviertere, erneuerte, schlauer aufgezogene Religion, die in einer sich selbst verwaltenden Parochie wirksam sein kann – das ist es, was das Kapital von der Selbstherrschaft fordert.

Auch der Kadett Karaulow steht *ganz und gar* auf diesem Standpunkt. Dieser »liberale« Renegat (der sich von der »Narodnaja Wolja« zu den rechten Kadetten hin entwickelt hat) wettert gegen die »Entnationalisierung der Kirche, worunter die Ausschaltung der Volksmassen, der Laien, aus der Gestaltung des kirchlichen Lebens zu verstehen ist«. Er findet es *»entsetzlich«* (so wörtlich!), daß die Massen »im Unglauben versinken«. Er zetert ganz wie Menschikow darüber, daß der »ungeheure Eigenwert der Kirche entwertet wird... zum größten Schaden nicht allein für die Kirche, sondern auch für den Staat«. Die widerwärtige Heuchelei des Fanatikers Jewlogi, der behauptet, daß die »Aufgabe der Kirche ewig, unwandelbar ist und deshalb die Kirche nicht mit der Politik verknüpft werden darf«, bezeichnet er als »goldene Worte«. Er protestiert gegen das Bündnis der Kirche mit den Schwarzhundertern, *damit* die Kirche »ihrer großen, heiligen Sache im Geiste Christi, im Geiste der Liebe und der Freiheit mit größerer Kraft und größerem Ruhm als bisher diene«.

Genosse Beloussow tat sehr gut daran, von der Dumatribüne herab diesen »lyrischen Erguß« Karaulows zu verspotten. Aber eine solche Verspottung genügt bei weitem nicht. Man hätte klarstellen sollen – und wird dies bei der ersten Gelegenheit von der Dumatribüne herab tun müssen –, daß der Standpunkt der Kadetten völlig identisch ist mit dem Standpunkt der Oktobristen und nichts anderes zum Ausdruck bringt als das Bestreben des »kultivierten« Kapitals, die Verdummung des Volkes durch religiöse Rauschmittel mit feineren Mitteln des Kirchenbetrugs zu organisieren als denjenigen, die der am alten sich festklammernde russische Durchschnittspfaff praktizierte.

Soll das Volk in geistiger Sklaverei gehalten werden, so muß die Kirche im engsten Bündnis mit den Schwarzhundertern stehen – sprachen durch den Mund von Purischkewitsch der wilde Gutsbesitzer und der alte Dershimorda[24]. Sie irren, meine Herren, entgegnet ihnen durch den Mund von Karaulow der konterrevolutionäre Bourgeois: mit solchen Mitteln werden Sie das Volk nur endgültig von der Religion abstoßen. Lassen Sie uns klüger, schlauer, geschickter vorgehen, lassen wir den allzu dummen und rohen Schwarzhunderter abtreten, lassen Sie uns den Kampf gegen die »Entnationalisierung der Kirche« proklamieren und auf unsere Fahne die »goldenen Worte« des Bischofs Jewlogi schreiben, daß die Kirche über der Politik stehe – nur so werden wir zumindest einen Teil der rückständigen Arbeiter und insbesondere die Kleinbürger und Bauern hinters Licht führen, werden wir der erneuerten Kirche helfen können, ihre »große, heilige Sache« der Aufrechterhaltung der geistigen Sklaverei der Volksmassen erfüllen zu können.

Unsere liberale Presse, einschließlich der Zeitung »Retsch«, hat in letzter Zeit Struve und Co. als die Verfasser des Sammelbandes »Wechi« eifrig getadelt. Indes hat Karaulow, der offizielle Redner der Kadettenpartei in der Reichsduma, die ganze gemeine Heuchelei dieser Vorwürfe und dieses Abrückens von Struve und Co. vorzüglich entlarvt. Was Karaulow und Miljukow im Sinn haben, das hat Struve auf der Zunge. Die Liberalen tadeln Struve *nur* deswegen, weil er unvorsichtigerweise die Wahrheit ausgeplaudert und die Karten allzusehr aufgedeckt hat. Die Liberalen, die von den »Wechi« abrücken und die Kadettenpartei nach wie vor unterstützen, betrügen das Volk aufs gewissenloseste, denn sie tadeln zwar die unvorsichtig offenherzigen *Worte*, setzen aber die *Taten*, die diesen Worten entsprechen, fort.

Über das Verhalten der Trudowiki während der Dumadebatten über die hier behandelten Fragen ist nicht viel zu sagen. Wie immer, zeigte sich der krasse Unterschied zwischen den bäuerlichen Trudowiki und den intellektuellen Trudowiki zuungunsten der letzteren mit ihrer größeren Bereitschaft, den Kadetten zu folgen. Es stimmt, der Bauer Roshkow stellte in seiner Rede seine ganze politische Unaufgeklärtheit unter Beweis: Auch er wiederholte die Plattheiten der Kadetten, daß der »Bund des russischen Volkes« nicht zur Festigung, sondern zur Zerstörung des Glaubens beitrage, er vermochte keinerlei Programm vorzulegen. Als er aber ungekünstelt die nackte, ungeschminkte Wahrheit über die Geldforderungen der Geistlichkeit, über die Erpressungen der Pfaffen zu berichten begann, als er erzählte, wie man für eine Eheschließung außer Geld »eine Flasche Schnaps, Eßwaren und ein Pfund Tee verlangt und *zuweilen Dinge, die ich auf der Tribüne gar nicht zu nennen wage*« (16. April, S. 2259 des stenografischen Berichts), da hielt es die Schwarzhunderterduma nicht länger aus, und von den rechten Bänken erhob sich ein wildes Geheul. »Verhöhnung! Gemeinheit!« schrien die Schwarzhunderter, denn sie fühlten, daß die schlichte Rede eines Bauern über die Geldforderungen der Geistlichkeit und die Aufzählung der »Taxe« für Amtshandlungen der Priester die Massen mehr revolutioniert als alle theoretischen oder taktischen antireligiösen und antikirchlichen Erklärungen. Und die ganze Bande von Erzreaktionären, die die Selbstherrschaft in der III. Duma verteidigen, schüchterte ihren Lakaien, den Vorsitzenden Meiendorf, ein und zwang ihn, Roshkow das Wort zu entziehen. (Die Sozialdemokraten, denen sich einige Trudowiki, Kadetten und andere anschlossen, legten gegen diesen Schritt des Vorsitzenden Protest ein.)

Trotz ihres ganz einfachen, elementaren Charakters enthüllte die Rede des bäuerlichen Trudowiks Roshkow dennoch ausgezeichnet die ganze Kluft, die die heuchlerische, wohlberechnete reaktionäre Verteidigung der Religion seitens der Kadetten von der primitiven, unbewußten, gewohnheitsmäßigen Religiosität des Bauern trennt, bei dem seine Lebensbedingungen – gegen seinen Willen und unabhängig von seinem Bewußtsein – eine wirklich revolutionäre Erbitterung gegen die Abgaben hervorrufen und die Bereitschaft zum entschlossenen Kampf gegen die mittelalterlichen Zustände erzeugen. Die Kadetten sind Vertreter der konterrevolutionären Bourgeoisie, die die Religion gegen das Volk erneuern und konsolidieren will. Die Roshkow sind Vertreter der revolutionären bürgerlichen Demokratie, die zwar unentwickelt, ihrer Rolle nicht bewußt, eingeschüchtert, unselbständig und zersplittert ist, die aber bei weitem noch nicht erschöpfte Vorräte revolutionärer Energie für den Kampf gegen die Gutsbesitzer, die Pfaffen und die Selbstherrschaft in sich birgt.

Der intellektuelle Trudowik Rosanow näherte sich den Kadetten viel weniger unbewußt als Roshkow. Zwar verstand es Rosanow, ein paar Worte über die Trennung von Kirche und Staat als eine Forderung der »Linken« einzuflechten, doch entschlüpften ihm auch reaktionäre, spießbürgerliche Phrasen über »eine Abänderung des Wahlgesetzes im Sinne der Ausschaltung der Geistlichkeit aus dem politischen Kampf«. Die revolutionäre Gesinnung, die sich beim typischen Durchschnittsbauern von selbst Bahn bricht, sobald er die Wahrheit über seine Lebensweise zu sagen beginnt, verschwindet beim intellektuellen Trudowik, und an ihre Stelle tritt die verschwommene und mitunter sogar direkt widerliche Phrase. Zum hundertsten und tausendsten Mal sehen wir die Wahrheit bestätigt, daß die russischen Bauernmassen nur dann das auf ihnen lastende und sie zugrunde richtende Joch der fronherrlichen Grundbesitzer, der fronherrlichen Kutten- und Talarträger, der fronherrlichen Stützen der Selbstherrschaft abzuwerfen vermögen, wenn sie dem Proletariat folgen.

Der Vertreter der Arbeiterpartei und der Arbeiterklasse, der Sozialdemokrat Surkow, war der einzige in der ganzen Duma, der die Debatten auf eine wirklich prinzipielle Basis stellte und ohne Umschweife sagte, wie das Proletariat zu Kirche und Religion steht und wie sich die gesamte konsequente und lebensfähige Demokratie zu ihnen verhalten muß. »Die Religion ist das Opium des Volkes«... »Keinen Groschen Geld des Volkes für diese Erzfeinde des Volkes, die das Volksbewußtsein umnebeln« – dieser aufrechte, mutige, offene Kampfruf eines Sozialisten erklang wie eine Herausforderung an die Schwarzhunderterduma und fand Widerhall bei Millionen von

Proletariern, die ihn unter den Massen verbreiten werden und, wenn die Zeit gekommen ist, es auch verstehen werden, ihn in die revolutionäre Aktion umzusetzen.

»Sozial-Demokrat« Nr. 6, 4. (17.) Juni 1909.
Werke, Bd. 15, S. 416–425.

Die Liberalen und die Klerikalen

Die Geistlichkeit schickt sich an, die IV. Duma zu überschwemmen.

Wie soll man sich zu diesem Erscheinen der Geistlichkeit in der politischen Arena verhalten?

Die Demokratie kann niemals den Standpunkt einnehmen, daß die Geistlichkeit am politischen Leben nicht teilnehmen solle. Das ist ein erzreaktionärer Standpunkt. Er führt nur zu konventioneller Heuchelei und zu weiter nichts. Im Leben sind Maßnahmen, die die eine oder andere Bevölkerungsgruppe oder -schicht von der Politik und vom Klassenkampf ausschließen, völlig unmöglich und undurchführbar.

Erinnern wir uns, daß Bebel und die anderen deutschen Sozialdemokraten für die Agitationsfreiheit der Jesuiten in Deutschland waren. Wir sind gegen die liberalen Phrasen, daß man die Agitation der Jesuiten »verbieten« müsse, sagten die Sozialdemokraten. Wir fürchten die Jesuiten nicht. Mögen die Jesuiten *volle Freiheit* der Agitation haben, mag man aber auch uns Sozialdemokraten die volle Agitationsfreiheit geben. So argumentierten Bebel und die anderen deutschen Sozialdemokraten.

Die Arbeiterdemokraten Rußlands kämpfen gegen die Verfälschung des Wahlrechts (und jedes anderen Rechts) zugunsten der Gutsbesitzer oder der Geistlichkeit usw., keineswegs aber gegen die Freiheit der Teilnahme der Geistlichkeit am politischen Leben. Wir stehen auf dem Standpunkt des Klassenkampfes und fordern die volle Freiheit der politischen Betätigung für jede Klasse, für jeden Stand, für beide Geschlechter, für jedes Volk, jede Bevölkerungsschicht oder -gruppe.

Die Liberalen urteilen in dieser Frage falsch, undemokratisch. Fürst Trubezkoi zum Beispiel schrieb unlängst unter dem Beifall der »Retsch«:

»Die Verwandlung der Kirche in ein politisches Werkzeug wird erreicht um den Preis ihrer inneren Zersetzung.« Den Plan, die Duma durch die Geistlichkeit zu überschwemmen, nannte er »antichristlich und antikirchlich«.

Das ist nicht wahr. Das ist Heuchelei. Das ist ein zutiefst reaktionärer Standpunkt.

Trubezkoi und die anderen Liberalen stehen in ihrem Kampf gegen den Klerikalismus auf einem *un*demokratischen Standpunkt. Unter der Flagge der Nichtteilnahme der Geistlichkeit am politischen Kampf betreiben sie nur ihre mehr versteckte (und darum viel gefährlichere) Teilnahme.

Die Arbeiterdemokratie ist für die Freiheit des politischen Kampfes für alle, auch für die Geistlichkeit. Wir sind nicht gegen die Teilnahme der Geistlichkeit am Wahlkampf, an der Duma u. dgl. m., sondern *ausschließlich* gegen die mittelalterlichen Privilegien der Geistlichkeit. Wir fürchten den Klerikalismus nicht, wir werden – auf einer freien und für alle gleichen Tribüne – gern mit ihm streiten. Die Geistlichkeit beteiligte sich an der Politik stets *versteckt;* für das Volk wird es nur von Nutzen sein, und zwar von großem Nutzen, wenn die Geistlichkeit an der Politik *offen* teilnimmt.

»Prawda« Nr. 74, 25. Juli 1912.
Werke, Bd. 18, S. 216–217.

Die Geistlichkeit und die Politik

Bekanntlich macht man gegenwärtig verzweifelte Anstrengungen mit dem Ziel, die gesamte Geistlichkeit für die Wahlen zur IV. Reichsduma zu *mobilisieren* und zu einer in sich geschlossenen Kraft der Schwarzhunderter zu organisieren.

Höchst lehrreich ist es zu sehen, daß die *gesamte* russische Bourgeoisie, die regierungstreue, oktobristische wie auch die oppositionelle, kadettische, gleichermaßen eifrig und beunruhigt diese Pläne der Regierung entlarvt und sie verurteilt.

Der russische Kaufmann und der russische liberale (richtiger wohl: liberalisierende) Gutsbesitzer fürchten eine Stärkung der nicht rechenschaftspflichtigen Regierung, die die Stimmen folgsamer Geistlicher »sammeln« möchte. Selbstverständlich steht die Demokratie in diesem Punkt noch viel entschiedener als der Liberalismus in Opposition (drückt man sich gelinde und ungenau aus).

Wir haben schon in der »Prawda« darauf hingewiesen, daß die Liberalen in der Frage der Geistlichkeit einen undemokratischen Standpunkt einnehmen, daß sie die erzreaktionäre Theorie der »Nichteinmischung« der Geistlichkeit in die Politik entweder direkt verfechten oder aber sich mit dieser Theorie abfinden.[1]

Der Demokrat ist unbedingt gegen die geringste *Verfälschung* des Wahlrechts und der Wahlen, aber er ist unbedingt *für* die direkte und offene Einbeziehung der breitesten Massen der Geistlichkeit jeder Kategorie in die Politik. Die Nichtteilnahme der Geistlichkeit am politischen Kampf ist eine äußerst schädliche Heuchelei. In Wirklichkeit hat die Geistlichkeit *stets* versteckt an der Politik teilgenommen, und das Volk wird nur

[1] Siehe den vorhergehenden Artikel.

Nutzen davon haben, wenn die Geistlichkeit zu einer offenen Politik übergeht.

Von besonderem Interesse in dieser Frage ist der kürzlich in der »Retsch« erschienene Artikel des altgläubigen Bischofs Michail. Die Ansichten dieses Schreibers sind sehr naiv: er glaubt zum Beispiel, daß »der Klerikalismus uns (Rußland) unbekannt« ist, daß vor der Revolution ihre (der Geistlichkeit) Sache nur auf das Jenseitige gerichtet war usw.

Aufschlußreich ist jedoch, wie dieser sichtlich gut informierte Mann die Geschehnisse faktisch einschätzt.

»Daß ein Triumph der Wahlen nicht ein Triumph des Klerikalismus sein wird«, schreibt Bischof Michail, »scheint mir unbestreitbar. Die, wenn auch künstlich, vereinigte, zugleich natürlich wegen dieses willkürlichen Umgangs mit ihren Stimmen und ihrem Gewissen beleidigte Geistlichkeit wird sich mitten zwischen zwei Kräfte gestellt sehen... Und daher die notwendige Wende, die Krisis, die Rückkehr zu dem natürlichen Bündnis mit dem Volk. Gelänge es der klerikalen und reaktionären Strömung... zu erstarken und selbständig auszureifen, so würde es vielleicht auch anders sein. Jetzt, wo die Geistlichkeit, noch mit den Resten früherer Verwirrung belastet, aus der Ruhe gerissen ist, wird sie ihren geschichtlichen Weg fortsetzen. Und der Demokratismus der Geistlichkeit ist die notwendige und letzte Etappe dieses geschichtlichen Weges, die mit dem Kampf der Geistlichkeit für sich selbst verbunden sein wird.«

In Wirklichkeit kann nicht von einer »Rückkehr zu dem natürlichen Bündnis« die Rede sein, wie der Verfasser naiv glaubt, sondern nur von einer Aufteilung unter die kämpfenden Klassen. Die Klarheit, Breite und Bewußtheit einer solchen Aufteilung würde von der Einbeziehung der Geistlichkeit in die Politik sicherlich gewinnen.

Der Umstand aber, daß informierte Beobachter das Vorhandensein, die Wirksamkeit und die Kraft der »Reste früherer Verwirrung« sogar in einer solchen sozialen Schicht Rußlands wie der Geistlichkeit zugeben, ist sehr beachtenswert.

»Prawda« Nr. 106, 1. September 1912.
Werke, Bd. 18, S. 301–302.

Die Organisierung der Massen durch die deutschen Katholiken

In rückständigen Staaten, wo die Masse der Bevölkerung rechtlos ist, wo es keine politische Freiheit gibt, wo Willkür der Behörden herrscht, fehlt jede einigermaßen breite politische Organisation. Nur verschwindend winzige Gruppen von Gutsbesitzern oder Industriemillionären genießen »Koalitionsfreiheit«, aber diese winzigen Gruppen richten ihre ganze Aufmerksamkeit nach oben, auf die »höheren Sphären«, auf die Regierung, sie streben keineswegs danach, die Volksmassen zu organisieren, ja sie fürchten deren Organisation wie das Feuer.

In jenen Staaten, wo die Grundpfeiler der Verfassung und die Teilnahme des Volkes an Staatsangelegenheiten gesichert sind, streben nicht nur die Sozialisten danach, die Massen zu organisieren (die einzige Stärke der Sozialisten besteht ja in der Aufklärung und Organisierung der Massen), sondern auch die *reaktionären Parteien.* Ist die Staatsordnung demokratisiert, so *müssen* die Kapitalisten in den Massen Rückhalt suchen, und dafür ist es erforderlich, sie unter den Losungen des Klerikalismus (der Schwarzhunderterreaktion und der Religion), des Nationalismus, Chauvinismus usw. zu organisieren.

Die politische Freiheit beseitigt den Klassenkampf nicht, im Gegenteil, sie macht ihn bewußter und breiter, bezieht die rückständigsten Volksschichten ein und lehrt sie, sich mit Politik zu befassen und ihre Auffassungen, ihre Interessen zu verteidigen.

Es ist lehrreich, sich anzusehen, wie beispielsweise in Deutschland die reaktionäre Partei des »Zentrums«, d. h. der Katholiken, die Volksmassen organisiert. Die Katholiken wollen die Massen dahin bringen, den Kapitalismus unter religiösen und »patriotischen« Losungen zu verteidigen. Und es ist ihnen in Deutschland gelungen, die Vorurteile und die Unwissenheit der Volksmassen zu organisieren, zum Teil deshalb, weil die Katholiken in Deutschland eine Minderheit der Bevölkerung bilden und diese Minderheit eine Zeitlang seitens des Staates Verfolgungen ausgesetzt war. Die werktätigen und ausgebeuteten Massen aber sympathisieren stets instinktiv mit den Verfolgten. Und die katholischen Reaktionäre haben es verstanden, diese Stimmung auszunutzen.

Die Katholiken haben eine Massenorganisation geschaffen, den sogenannten »Volksverein für das katholische Deutschland«. Der Verein zählt $^3/_4$ *Millionen Mitglieder.* Die Organisation ist streng zentralisiert. Ihr Ziel: die »christliche« (in Wirklichkeit *kapitalistische)* Ordnung zu verteidigen und die »grundstürzenden« (d. h. sozialistischen) Bestrebungen zu bekämpfen.

An der Spitze des Vereins steht ein Vorstand von 24 Personen. Davon ist 9 Mitgliedern die laufende Verwaltung übertragen, die übrigen sind Vertreter verschiedener Landesteile, einzelner Großstädte usw. Für je 20—40 katholische Familien ist ein »Vertrauensmann« bestimmt. Sämtliche Vertrauensleute handeln nach Weisungen des Vorstands.

Die Herren Katholiken pflegen in ihrem Kampf gegen die Sozialdemokraten gewöhnlich ein Geschrei anzustimmen, daß die sozialdemokratischen Agitatoren von den Groschen der Arbeiter leben. Aber eben das tun die Katholiken selbst in *ihrer* Organisation: an jedem einigermaßen wichtigen Ort haben sie *bezahlte Agitatoren.*

Die Arbeit im Parteivorstand ist völlig fabrikmäßig organisiert. 20 Angestellte befassen sich speziell mit »Literatur«, der eine mit der theologischen Literatur, der andere mit der Agrarfrage, ein dritter mit der sozialdemokratischen Bewegung, ein vierter mit dem gewerblichen Mittelstand usw. Ausschnitte und Auszüge aus Zeitungen und Zeitschriften werden gemacht. Es gibt eine Registratur und ein Stenografenbüro. Eine besondere Bibliothek ist vorhanden, die 40 000 Bände enthält. Es werden Briefe an Zeitungen verfaßt, »Korrespondenzen«, die in Dutzenden katholischer Blätter erscheinen. Eine besondere »sozialpolitische« und eine »apologetische« (d. h. die Religion und das Christentum verteidigende) Korrespondenz wird geführt. Zu allen Fragen werden Schriftenreihen herausgegeben. Bis zu 5000 verschiedene Konzepte für Referate werden jährlich versandt. Eine Abteilung befaßt sich eigens mit Filmpropaganda. Eine Auskunftsstelle beantwortet kostenlos alle möglichen Anfragen; 1912 wurden über 18 000 solcher Auskünfte erteilt.

Die katholischen Studenten werden systematisch zur Propaganda und Agitation herangezogen, besonders in der Ferienzeit. Die Vertrauensleute (es gibt ihrer einige *Zehntausende*) kommen zu besonderen »sozialen Kursen« zusammen. Der speziellen »Schulung« für den Kampf gegen die Sozialdemokraten dienen besondere Zweimonatskurse beim Parteivorstand. Spezielle Zweiwochenkurse werden für Bauern, Lehrer, Handlungsgehilfen usw. veranstaltet.

Sie arbeiten nicht schlecht, die katholischen Schwarzhunderter Deutschlands. Aber ihre ganze Tätigkeit ist ein schwacher Abklatsch dessen, was die deutschen Sozialdemokraten tun.

»Prawda« Nr. 120, 26. Mai 1913.
Werke, Bd. 36, S. 218–220.

An A. M. Gorki

Lieber A. M.! Was machen Sie bloß für Sachen? Einfach entsetzlich, wahrhaftig!

Gestern las ich in der »Retsch« Ihre Antwort auf das »Geheul« wegen Dostojewski[25] und wollte mich schon freuen, aber heute trifft die Zeitung der Liquidatoren[1] ein, *und dort ist ein Absatz Ihres Artikels abgedruckt,* der in der »Retsch« fehlte.

Dieser Absatz lautet:

»Die ›Gottsucherei‹ aber muß *eine Zeitlang*« (nur eine Zeitlang?) »eingestellt werden – das ist eine nutzlose Beschäftigung: es gibt nichts zu suchen, wo man nichts hingelegt hat. Wer nicht säet, wird auch nicht ernten. Ihr habt keinen Gott, ihr habt ihn *noch*« (noch!) »nicht erschaffen. Götter sucht man nicht – *man erschafft sie;* das Leben wird nicht erdacht, sondern erschaffen.«

Also sind Sie nur »eine Zeitlang« gegen die »Gottsucherei«!! Also sind Sie *nur* deshalb gegen die Gottsucherei, weil Sie sie durch die Gottbildnerei ersetzen wollen!!

Ist es denn nicht entsetzlich, daß so etwas bei Ihnen *herauskommt?*

Die Gottsucherei unterscheidet sich von der Gottbildnerei oder von der Gottmacherei oder der Gotterschafferei u. dgl. m. nicht um ein Tüpfelchen mehr, als sich ein gelber Teufel von einem blauen unterscheidet. Von Gottsucherei zu sprechen, nicht um gegen *alle* Teufel und Götter, gegen jede geistige Leichenschändung aufzutreten (jeder Gott ist Leichenschändung, mag es auch der allerreinste, idealste, nicht zu suchende, sondern zu erschaffende Gott sein, das ist einerlei), sondern um einen blauen Teufel einem gelben vorzuziehen, das ist hundertmal schlimmer als überhaupt nichts zu sagen.

1 Siehe »Nowaja Rabotschaja Gaseta« im Zeitschriftenverzeichnis, vorl. Band, S. 169

In den freiesten Ländern, in solchen Ländern, wo ein Appell »an die Demokratie, an das Volk, an die Öffentlichkeit und an die Wissenschaft« *ganz* unangebracht wäre – in solchen Ländern (Amerika, die Schweiz usw.) ist man besonders eifrig dabei, das Volk und die Arbeiter gerade mit der Idee eines reinen, vergeistigten, zu erschaffenden Gottes zu verdummen. Gerade deshalb, weil jede religiöse Idee, jede Idee von jedem Gott, selbst jedes Kokettieren mit einem Gott eine unsagbare Abscheulichkeit ist, die von der *demokratischen* Bourgeoisie besonders tolerant (und oft sogar wohlwollend) aufgenommen wird – gerade deshalb ist sie die gefährlichste Abscheulichkeit, die widerlichste »Seuche«. Millionen von Sünden, Gemeinheiten, Gewalttaten und Seuchen *physischer* Art werden von der großen Menge viel leichter erkannt und sind daher viel weniger gefährlich als die *raffinierte,* vergeistigte, in die prächtigsten »ideellen« Gewänder gekleidete Idee von einem Gott. Ein katholischer Pfaffe, der Mädchen schändet (wovon ich soeben zufällig in einer deutschen Zeitung las), ist gerade für die »Demokratie« *weit weniger* gefährlich als ein Pfaffe ohne Priesterrock, ein Pfaffe ohne grobschlächtige Religion, ein von Ideen erfüllter und demokratischer Pfaffe, der die Erzeugung und Erschaffung eines Gottes predigt. Denn jenen Pfaffen zu entlarven, zu verdammen und davonzujagen ist *leicht* – diesen aber *kann man nicht* so einfach davonjagen, ihn zu entlarven ist tausendmal schwerer, und kein »schwächlicher und wehleidig wankelmütiger« Spießer wird damit einverstanden sein, ihn zu »verdammen«.

Und Sie, der Sie die »Schwächlichkeit und wehleidige Wankelmütigkeit« der (russischen – warum der russischen? ist die italienische etwa besser??) *Spießer*seele kennen, verwirren diese Seele mit dem süßlichsten, unter Zuckerguß und allerlei bunten Hüllen sorgfältig verborgenen Gift!!

Das ist wirklich entsetzlich.

»Genug nun der Selbstbespeiungen, die bei uns die Selbstkritik ersetzen.«

Ist aber die Gottbildnerei nicht die *übelste* Art der Selbstbespeiung?? Jeder Mensch, der sich mit der Erschaffung eines *Gottes* beschäftigt oder eine solche Erschaffung auch nur duldet, *bespeit sich selbst* auf die übelste Weise, denn statt mit »Taten« befaßt er sich *gerade* mit Selbstbetrachtung und Selbstbespiegelung, wobei eben ein solcher Mensch die schmutzigsten, stupidesten, knechtischsten Züge oder Züglein seines »Ichs« »betrachtet«, die durch die Gottbildnerei vergöttlicht werden sollen.

Vom gesellschaftlichen und nicht vom persönlichen Standpunkt aus ist *jedwede* Gottbildnerei eben die *verliebte Selbstbetrachtung* des stumpfsinnigen Spießbürgertums, des schwächlichen Pfahlbürgertums, träumerische »Selbstbespeiung« der Philister und Kleinbürger, die »verzweifelt und müde« sind (wie Sie das sehr richtig von der *Seele* zu sagen beliebten – nur hätten Sie nicht »russische«, sondern *Spießer*seele sagen sollen, denn ob jüdische, italienische, englische – *das ist alles Jacke wie Hose,* überall ist das schäbige Spießertum gleich widerlich, das »demokratische Spießertum« aber, das sich mit geistiger Leichenschändung beschäftigt, ist doppelt widerlich).

Ich lese mich in Ihren Artikel hinein, versuche *herauszufinden,* wie sich bei Ihnen dieser *Irrtum* einschleichen konnte, und ich finde keine Antwort. Was ist das? Sind es Reste der »Beichte«, die *Sie selbst* nicht billigten?? Nachklänge davon??

Oder etwas anderes – zum Beispiel mißglückter Versuch, sich zum allgemeindemokratischen Standpunkt *hinabzubeugen,* anstatt den *proletarischen* Standpunkt einzunehmen? Vielleicht wollten Sie, um mit der »Demokratie überhaupt« ins Gespräch zu kommen, ein wenig (entschuldigen Sie den Ausdruck) säuseln, wie man mit Kindern säuselt? Vielleicht wollten Sie »zwecks populärer Darlegung« für *Spießer* auf einen Augenblick *dessen* oder *deren,* der Spießer, Vorurteile gelten lassen??

Aber das ist doch eine in jedem Sinne und in jeder Beziehung *falsche* Methode!

Ich schrieb oben, daß in den *demokratischen* Ländern der Appell eines proletarischen Schriftstellers »an die Demokratie, an das Volk, an die Öffentlichkeit und an die Wissenschaft« *ganz* unangebracht wäre. Nun, und bei uns in Rußland?? Ein solcher Appell ist *nicht ganz* angebracht, denn irgendwie schmeichelt er ebenfalls den spießbürgerlichen Vorurteilen. So einen bis zur Verschwommenheit allgemeinen Appell – den würde bei uns sogar Isgojew von der »Russkaja Mysl« *mit beiden Händen* unterschreiben. Warum solche Losungen wählen, die *zwar Sie* vortrefflich von Isgojewgeschwafel unterscheiden können, die *der Leser aber* nicht zu unterscheiden weiß?? Warum für den Leser einen demokratischen Schleier über die Dinge breiten, statt *klar* zu unterscheiden zwischen *Spießbürgern* (den schwächlichen, wehleidig wankelmütigen, müden, verzweifelten, sich selbst betrachtenden, Gott betrachtenden, Gott schaffenden, Gott gewährenlassenden, sich selbst bespeienden, *stupid-anarchistischen* – ein prachtvolles Wort!! und so fort und so fort)

– und den *Proletariern* (die nicht nur in Worten mutig zu sein verstehen und die auch die »Wissenschaft und Öffentlichkeit« der *Bourgeoisie* von ihrer eigenen, die bürgerliche Demokratie von der proletarischen zu unterscheiden wissen)?

Wozu tun Sie das?

Es ist verdammt ärgerlich.

Ihr *W. I.*

PS. Wir haben den Roman eingeschrieben unter Kreuzband abgeschickt. Haben Sie ihn erhalten?

PPS. *Kurieren Sie sich* ernsthaft, wirklich, damit Sie im Winter reisen können, *ohne sich zu erkälten* (im Winter ist es gefährlich).

Ihr *W. Uljanow*

Geschrieben am 13. oder 14. November 1913.
Geschickt von Krakau nach der Insel Capri.
Zum erstenmal veröffentlicht am
2. März 1924 in der »Prawda« Nr. 51.
Briefe, Bd. III, S. 231–234.

An A. M. Gorki

. . .[1] In der Frage nach Gott, dem Göttlichen und allem, was damit zusammenhängt, ergibt sich bei Ihnen ein Widerspruch – nach meiner Ansicht derselbe, auf den ich in unseren Gesprächen während unseres letzten Zusammenseins auf Capri hingewiesen habe: Sie haben mit den »Wperjod«-Leuten gebrochen (oder so gut wie gebrochen) und dabei die ideologischen Grundlagen der »Wperjod«-Richtung übersehen.

So auch jetzt. Sie sind »verärgert«, Sie »können nicht verstehen, wie der Ausdruck ›eine Zeitlang‹ durchschlüpfen konnte« – so schreiben Sie –, und gleichzeitig verteidigen Sie die Idee von Gott und der Gottbildnerei.

»Gott ist der Komplex jener von Stamm, Nation und Menschheit entwickelten Ideen, die die sozialen Gefühle wecken und organisieren zu dem Zweck, die Persönlichkeit mit der Gesellschaft zu verbinden, den animalischen Individualismus zu zügeln.«

Diese Theorie hängt offenkundig mit der Theorie oder den Theorien Bogdanows und Lunatscharskis zusammen.

Und sie ist offenkundig falsch und offenkundig reaktionär. Wie die christlichen Sozialisten (die schlimmste Art des »Sozialismus« und seine schlimmste Entstellung) wenden Sie eine Methode an, die (ungeachtet Ihrer besten Absichten) den Hokuspokus des Pfaffentums wiederholt: aus der Gottesidee wird herausgenommen, was *aus der Geschichte und dem Leben* in sie eingegangen ist (Geisterglauben, Vorurteile, Heiligsprechung der Unwissenheit und Unterwürfigkeit einerseits, der Leibeigenschaft und der Monarchie anderseits), wobei in die Gottesidee statt der aus der Geschichte und aus dem Leben bezogenen Realität eine sanftmütige spießbürger-

[1] Der Anfang des Briefes wurde nicht aufgefunden.

liche Phrase hineingelegt wird (Gott = »Ideen, die die sozialen Gefühle wecken und organisieren«).

Sie wollen damit »Gutes und Schönes« sagen, auf »Wahrheit und Gerechtigkeit« hinweisen und dergleichen mehr. Aber dieser Ihr gutgemeinter Wunsch bleibt Ihre persönliche Angelegenheit, ein subjektiver »frommer Wunsch«. Nachdem Sie ihn einmal niedergeschrieben haben, ist er in die *Masse* gedrungen, und sein *Sinn* wird nicht durch Ihren gutgemeinten Wunsch, sondern durch *das Verhältnis der gesellschaftlichen Kräfte,* durch das objektive Verhältnis der Klassen bestimmt. Kraft dieses Verhältnisses *ergibt sich* (gegen Ihren Willen und unabhängig von Ihrem Bewußtsein), daß Sie die Idee der Klerikalen, der Purischkewitsch[26], Nikolaus' II. und der Herren Struve rosa übertüncht und verzuckert haben, denn *faktisch* hilft die Gottesidee diesen Herren, das Volk in Sklaverei zu halten. Da Sie die Gottesidee übertünchten, übertünchten Sie die Ketten, mit denen jene die unwissenden Arbeiter und Bauern fesseln. Seht – werden die Pfaffen und ihre Kumpane sagen –, was für eine schöne und tiefgründige Idee das ist (die Gottesidee), das wird sogar von *»euren«* Führern, ihr Herren Demokraten, anerkannt – und wir (die Pfaffen und deren Kumpane) dienen dieser Idee.

Es ist falsch, daß Gott ein Komplex von Ideen ist, die die sozialen Gefühle wecken und organisieren. Das ist Bogdanowscher *Idealismus,* der den materiellen Ursprung der Ideen vertuscht. Gott ist (historisch wie im Leben) vor allem ein Komplex von Ideen, die von der dumpfen, sowohl durch die äußere Natur als auch durch die Klassenunterdrückung bewirkten Niedergedrücktheit des Menschen erzeugt wurden – von Ideen, die diesen Zustand der Niedergedrücktheit *festigen,* die den Klassenkampf *einschläfern.* Es gab in der Geschichte eine Zeit, da trotz dieses Ursprungs und dieser tatsächlichen Bedeutung der Gottesidee der Kampf der Demokratie und des Proletariats in Gestalt des Kampfes *einer religiösen* Idee gegen eine andere geführt wurde.

Aber auch diese Zeit ist längst vorüber.

Jetzt ist sowohl in Europa als auch in Rußland *jegliche*, selbst die verfeinertste, die bestgemeinte Verteidigung oder Rechtfertigung der Gottesidee eine Rechtfertigung der Reaktion.

Ihre ganze Definition ist durch und durch reaktionär und bürgerlich. Gott = ein Komplex von Ideen, die »die sozialen Gefühle wecken und organisieren zu dem Zweck, die Persönlichkeit mit der Gesellschaft zu verbinden, den animalischen Individualismus zu zügeln«.

Warum ist das reaktionär? Weil es die pfäffisch-fronherrschaftliche Idee von der »Zügelung« des Animalischen übertüncht. In Wirklichkeit hat nicht die Gottesidee den »animalischen Individualismus« gezügelt; ihn hat sowohl die Urhorde als auch die Urkommune gezügelt. Die Gottesidee hat die »sozialen Gefühle« *stets* eingeschläfert und abgestumpft, da sie Lebendes durch Totes ersetzte und *stets* die Idee der Sklaverei (der schlimmsten, der ausweglosen Sklaverei) war. Nie hat die Gottesidee »die Persönlichkeit mit der Gesellschaft verbunden«, sondern stets die unterdrückten *Klassen* durch den Glauben an die *Göttlichkeit* der Unterdrücker *gefesselt*.

Bürgerlich ist Ihre Definition (und unwissenschaftlich, unhistorisch), weil sie mit summarischen, allgemeinen, »robinsonhaften« Begriffen schlechthin – und nicht mit bestimmten *Klassen* einer bestimmten historischen Epoche operiert.

Die Gottesidee bei einem wilden Syrjänen etwa (auch bei einem Halbwilden) und die Gottesidee bei Struve und Co. sind zweierlei. In beiden Fällen stützt die Klassenherrschaft diese Idee (und wird von dieser Idee gestützt). Der »Volks«begriff vom lieben Gott und vom Göttlichen ist Stumpfsinn, Unterwürfigkeit und Unwissenheit des »Volks«, ist genau dasselbe, wie die »Vorstellung des Volks« vom Zaren, vom Waldschrat, vom Prügeln der Ehefrauen. Wie Sie die »Vorstellung des Volks« von Gott »demokratisch« nennen können, ist mir absolut unverständlich.

Daß der philosophische Idealismus »immer nur die Interessen der Persönlichkeit im Auge hat«, ist nicht richtig. Hat Descartes die Interessen der Persönlichkeit mehr im Auge gehabt als Gassendi? Oder Fichte und Hegel mehr als Feuerbach?

Daß »die Gottbildnerei ein Prozeß der Weiterentwicklung und Ansammlung sozialer Prinzipien im Individuum und in der Gesellschaft« sei – das ist geradezu entsetzlich!! Wenn in Rußland Freiheit herrschte, die ganze Bourgeoisie würde Sie ja für solche Dinge, für diese Soziologie und Theologie von rein bürgerlichem Typus und Charakter auf den Schild heben.

Nun, vorläufig genug, der Brief ist ohnehin lang geworden. Ich drücke Ihnen nochmals fest die Hand und wünsche Ihnen Gesundheit.

Ihr *W. I.*

Geschrieben in der zweiten Novemberhälfte 1913.
Geschickt von Krakau nach der Insel Capri.
Zum erstenmal veröffentlicht 1924
im Lenin-Sammelband I.
Briefe, Bd. III, S. 236–238.

Rede
auf dem I. Gesamtrussischen Arbeiterinnenkongreß[27]
19. November 1918

Genossinnen! In gewisser Hinsicht kommt dem Kongreß des weiblichen Teils der proletarischen Armee besonders große Bedeutung zu, denn in allen Ländern waren es die Frauen, die am schwersten in Bewegung gerieten. Es kann aber keine sozialistische Umwälzung geben, ohne daß ein großer Teil der werktätigen Frauen daran bedeutenden Anteil nimmt.

In allen zivilisierten Ländern, selbst in den fortgeschrittensten, befinden sich die Frauen in einer solchen Lage, daß man sie nicht umsonst Haussklavinnen nennt. Kein einziger kapitalistischer Staat, nicht einmal die freieste Republik, kennt die volle Gleichberechtigung der Frauen.

Aufgabe der Sowjetrepublik ist es, in erster Linie jedwede Einschränkung der Rechte der Frauen aufzuheben. Eine Quelle bürgerlichen Schmutzes, bürgerlicher Unterdrückung und Erniedrigung – den Ehescheidungsprozeß – hat die Sowjetmacht völlig beseitigt.

Es ist bald ein Jahr her, daß hinsichtlich der Ehescheidung eine völlig freie Gesetzgebung besteht. Wir haben ein Dekret erlassen, das den Unterschied in der Stellung des ehelichen und des unehelichen Kindes sowie eine ganze Reihe von politischen Beschränkungen beseitigt hat. Nirgends sonst sind Gleichheit und Freiheit der werktätigen Frauen so voll verwirklicht.

Wir wissen, daß die ganze Last überlebter Regeln der Frau aus der Arbeiterklasse aufgebürdet wird.

Unser Gesetz hat zum erstenmal in der Geschichte all das ausgelöscht, was die Frau entrechtete. Es geht aber nicht nur um das Gesetz. In unseren Städten und Industrieorten sieht man, wie sich dieses Gesetz über die völlige Freiheit der Ehe gut einbürgert, aber auf dem Lande bleibt es häufig, sehr häufig, nur auf dem Papier. Dort überwiegt bis heute die kirchliche Ehe. Das ist auf den Einfluß der Geistlichen zurückzuführen; dieses Übel ist schwerer zu bekämpfen als die alte Gesetzgebung.

Im Kampf gegen religiöse Vorurteile muß man außerordentlich vorsichtig vorgehen; großen Schaden richtet dabei an, wer in diesem Kampf das religiöse Gefühl verletzt. Der Kampf muß auf dem Wege der Propaganda, der Aufklärung geführt werden. Wenn wir den Kampf mit scharfen Methoden führen, können wir die Massen gegen uns aufbringen; ein solcher Kampf vertieft die Scheidung der Massen nach dem Religionsprinzip, während unsere Stärke doch in der Einigkeit liegt. Die tiefsten Quellen religiöser Vorurteile sind Armut und Unwissenheit; eben diese Übel müssen wir bekämpfen.

Die Frau befand sich bisher in einer Lage, die man nur als Lage einer Sklavin bezeichnen kann; die Frau wird durch ihren Haushalt erdrückt, und aus dieser Lage kann sie nur der Sozialismus erlösen. Nur, wenn wir von den Kleinwirtschaften zur Gemeinwirtschaft und zur gemeinschaftlichen Bodenbestellung übergehen, nur dann wird die volle Befreiung und Entsklavung der Frauen Tatsache. Das ist eine schwierige Aufgabe, doch jetzt, wo die Komitees der Dorfarmut gebildet werden, bricht die Zeit an, da sich die sozialistische Revolution festigt.

Erst jetzt organisiert sich der ärmste Teil der ländlichen Bevölkerung, und in diesen Organisationen der Dorfarmut erhält der Sozialismus eine feste Grundlage.

Früher war es häufig so, daß die Stadt revolutionär wurde und erst danach das Dorf in Aktion trat.

Die jetzige Umwälzung stützt sich auf das Dorf, und darin liegt ihre Bedeutung und ihre Stärke. Wir wissen aus der Erfahrung sämtlicher Befreiungsbewegungen, daß der Erfolg einer Revolution davon abhängt, inwieweit die Frauen an ihr teilnehmen. Die Sowjetmacht tut alles, damit die Frau ihre proletarische sozialistische Arbeit selbständig leisten kann.

Die Sowjetmacht befindet sich insofern in einer schwierigen Lage, als die Imperialisten aller Länder Sowjetrußland hassen und es mit Krieg überziehen wollen, weil es in einer ganzen Reihe von Ländern den Brand der Revolution entfacht und entscheidende Schritte zum Sozialismus getan hat.

Jetzt, wo sie das revolutionäre Rußland zerschlagen wollen, beginnt ihnen selbst der Boden unter den Füßen heiß zu werden. Sie wissen, wie in Deutschland die revolutionäre Bewegung wächst. In Dänemark kämpfen die Arbeiter gegen die Regierung. In der Schweiz und in Holland verstärkt sich die revolutionäre Bewegung. In diesen kleinen Ländern hat sie zwar keine selbständige Bedeutung, sie ist jedoch deshalb besonders kennzeichnend, weil es in diesen Ländern keinen Krieg gegeben hat und weil dort die demokratischste »Rechts«ordnung bestand. Wenn solche Länder in Bewegung geraten, so gibt das die Gewißheit, daß die ganze Welt von der revolutionären Bewegung erfaßt wird.

Bis heute hat noch keine Republik die Frau zu befreien vermocht. Die Sowjetmacht hilft der Frau. Unsere Sache ist unbesiegbar, denn in allen Ländern erhebt sich die unbesiegbare Arbeiterklasse. Diese Bewegung bedeutet das Anwachsen der unbesiegbaren sozialistischen Revolution.

Ein Zeitungsbericht wurde am 20. November 1918
in den »Iswestija WZIK« Nr. 253 veröffentlicht.
Werke, Bd. 28, S. 175–177.

Aus: Entwurf des Programms der KPR(B)[28]

10

Programmpunkt:
Auf dem Gebiet der religiösen Beziehungen

In bezug auf die Religion besteht die Politik der KPR darin, sich nicht zufriedenzugeben mit der bereits dekretierten Trennung der Kirche vom Staat und der Schule von der Kirche, d. h. mit Maßregeln, die die bürgerliche Demokratie versprochen, aber infolge der mannigfachen tatsächlichen Verbindungen des Kapitals mit der religiösen Propaganda nirgends in der Welt zu Ende geführt hat.

Die Partei erstrebt die vollständige Zerstörung der Verbindung zwischen den Ausbeuterklassen und der Organisation der religiösen Propaganda wie auch die faktische Befreiung der werktätigen Massen von den religiösen Vorurteilen, wozu sie die umfassendste wissenschaftlich aufklärende und antireligiöse Propaganda organisiert. Dabei ist sorgfältig jede Verletzung der Gefühle der Gläubigen zu vermeiden, da sie lediglich zur Stärkung des religiösen Fanatismus führt.

Zum erstenmal veröffentlicht 1930.
Werke, Bd. 29, S. 118.

Aus: Auf Schallplatten aufgenommene Reden[29]

8

Über die Pogromhetze gegen die Juden

Antisemitismus nennt man die Verbreitung von Feindschaft gegen die Juden. Als die verfluchte Zarenmonarchie ihre letzten Tage durchmachte, war sie bemüht, unwissende Arbeiter und Bauern gegen die Juden aufzuhetzen. Die Zarenpolizei veranstaltete im Bunde mit den Gutsbesitzern und Kapitalisten Judenpogrome. Den Haß der von Not gepeinigten Arbeiter und Bauern wollten die Gutsbesitzer und Kapitalisten auf die Juden lenken. Auch in anderen Ländern hat man nicht selten Gelegenheit, zu sehen, daß die Kapitalisten Feindschaft gegen die Juden schüren, um den Blick des Arbeiters zu trüben, um seine Aufmerksamkeit von dem wirklichen Feind der Werktätigen – vom Kapital – abzulenken. Feindschaft gegen die Juden hält sich zäh nur dort, wo die Knechtung durch die Gutsbesitzer und Kapitalisten die Arbeiter und Bauern in stockfinsterer Unwissenheit gehalten hat. Nur völlig unwissende, völlig verschüchterte Menschen können den gegen die Juden verbreiteten Lügen und Verleumdungen Glauben schenken. Das sind Überreste aus den alten Zeiten der Leibeigenschaft, als die Popen die Ketzer auf den Scheiterhaufen verbrennen ließen, als der Bauer versklavt, als das Volk unterdrückt und stumm war. Diese alte feudalistische Unwissenheit geht zu Ende. Das Volk wird sehend.

Nicht die Juden sind die Feinde der Werktätigen. Die Feinde der Arbeiter sind die Kapitalisten aller Länder. Unter den Juden gibt es Arbeiter, Werktätige: sie bilden die Mehrheit. Was die Unterdrückung durch das Kapital anbelangt, sind sie unsere Brüder, im Kampf für den Sozialismus sind sie unsere Genossen. Unter den Juden gibt es Kulaken, Ausbeuter, Kapitalisten; wie es sie unter den Russen, wie es sie unter allen Nationen gibt. Die Kapitalisten sind bemüht, zwischen den Arbeitern verschiedenen Glaubens, verschiedener Nation, verschiedener Rasse Feindschaft zu säen und zu schüren. Die Nichtarbeitenden halten sich durch die Stärke und die Macht des Kapitals. Die reichen Juden, die reichen Russen, die Reichen aller Länder unterdrücken und unterjochen im Bunde miteinander die Arbeiter, plündern sie aus und entzweien sie.

Schande über den verfluchten Zarismus, der die Juden gequält und verfolgt hat. Schmach und Schande über den, der Feindschaft gegen die Juden, Haß gegen andere Nationen sät.

Es lebe das brüderliche Vertrauen und das Kampfbündnis der Arbeiter aller Nationen im Kampf für den Sturz des Kapitals.

Gesprochen Ende März 1919.
Werke, Bd. 29, S. 239–240.

Aus: Die Aufgaben der Jugendverbände (Rede auf dem III. Gesamtrussischen Kongreß des Kommunistischen Jugendverbandes Rußlands) 2. Oktober 1920[30]

...Wie müssen wir den Kommunismus lehren, worin muß die Eigenart unserer Methoden bestehen?

Ich will hier vor allem auf die Frage der kommunistischen Moral eingehen.

Ihr sollt aus euch Kommunisten erziehen. Die Aufgabe des Jugendverbandes ist es, seine praktische Tätigkeit so zu gestalten, daß diese Jugend, indem sie lernt, sich organisiert, sich zusammenschließt und kämpft, sich selbst und alle diejenigen erzieht, die in ihr den Führer sehen, daß sie Kommunisten erzieht. Die ganze Erziehung, Bildung und Schulung der heutigen Jugend muß eine Erziehung zur kommunistischen Moral sein.

Aber gibt es denn eine kommunistische Moral? Gibt es eine kommunistische Sittlichkeit? Natürlich gibt es sie. Oft stellt man die Sache so hin, als ob wir keine eigene Moral hätten, und sehr oft erhebt die Bourgeoisie gegen uns die Beschuldigung, daß wir Kommunisten jede Moral verneinen. Das ist ein Dreh, um die Begriffe zu verwirren, um den Arbeitern und Bauern Sand in die Augen zu streuen.

In welchem Sinne verneinen wir die Moral, verneinen wir die Sittlichkeit?

In dem Sinne, in dem die Bourgeoisie sie predigte, die diese Sittlichkeit aus Gottes Geboten ableitete. Hier sagen wir natürlich, daß wir an Gott nicht glauben und sehr wohl wissen, daß im Namen Gottes die Geistlichkeit redete, die Gutsbesitzer und die Bourgeoisie redeten, um ihre Ausbeuterinteressen durchzusetzen. Oder anstatt diese Moral aus den Geboten der Sittlichkeit, aus den Geboten Gottes abzuleiten, leiteten sie sie aus idealistischen oder halbidealistischen Phrasen ab, die stets ebenfalls auf etwas hinausliefen, das den Geboten Gottes sehr ähnlich sah.

Jede solche Sittlichkeit, die von einem übernatürlichen klassenlosen Begriff abgeleitet wird, lehnen wir ab. Wir sagen, daß das ein Betrug ist, daß das ein Schwindel ist, um die Hirne der Arbeiter und Bauern im Interesse der Gutsbesitzer und Kapitalisten zu verkleistern.

Wir sagen, daß unsere Sittlichkeit völlig den Interessen des proletarischen Klassenkampfes untergeordnet ist. Unsere Sittlichkeit ist von den Interessen des proletarischen Klassenkampfes abgeleitet.

Die alte Gesellschaft beruhte auf der Unterdrückung aller Arbeiter und Bauern durch die Gutsbesitzer und Kapitalisten. Wir mußten diese Gesellschaft zerstören, mußten diese Leute stürzen. Dazu bedurfte es aber der Vereinigung. Der liebe Gott wird eine solche Vereinigung nicht erschaffen.

Eine solche Vereinigung konnten nur die Fabriken und Werke, konnte nur das geschulte, aus langem Schlaf erwachte Proletariat zustande bringen. Erst mit der Entstehung dieser Klasse begann die Massenbewegung, die zu dem geführt hat, was wir jetzt sehen: zum Sieg der proletarischen Revolution in einem der schwächsten Länder, das sich seit drei Jahren gegen den Ansturm der ganzen Weltbourgeoisie behauptet. Und wir sehen, wie die proletarische Revolution in der ganzen Welt wächst. Wir können jetzt auf Grund der Erfahrung sagen, daß nur das Proletariat imstande war, eine solche geschlossene Kraft zu schaffen, der die zersplitterte, verstreute Bauernschaft folgt und die allen Anstürmen der Ausbeuter standgehalten hat. Nur diese Klasse kann den werktätigen Massen helfen, sich zu vereinigen, sich zusammenzuschließen und die kommunistische Gesellschaft endgültig zu behaupten, endgültig zu festigen, ihren Aufbau endgültig zu vollenden.

Eben deshalb sagen wir: Für uns gibt es keine Sittlichkeit außerhalb der menschlichen Gesellschaft, das ist Betrug. Für uns ist die Sittlichkeit den Interessen des proletarischen Klassenkampfes untergeordnet.

Worin aber besteht dieser Klassenkampf? Darin, den Zaren zu stürzen, die Kapitalisten zu stürzen, die Kapitalistenklasse abzuschaffen.

Was aber sind die Klassen überhaupt? Sie sind das, was es einem Teil der Gesellschaft erlaubt, sich die Arbeit des anderen Teils anzueignen. Wenn sich ein Teil der Gesellschaft den gesamten Grund und Boden aneignet, so haben wir die Klassen der Gutsbesitzer und der Bauern. Wenn ein Teil der Gesellschaft Fabriken und Werke, Aktien und Kapitalien besitzt, während der andere Teil in diesen Fabriken arbeitet, so haben wir die Klassen der Kapitalisten und der Proletarier.

Es war nicht schwer, den Zaren davonzujagen. Dazu bedurfte es nur einiger Tage. Es war nicht sehr schwer, die Gutsbesitzer davonzujagen, dazu genügten einige Monate. Es ist auch nicht sehr schwer, die Kapitalisten davonzujagen. Aber die Klassen abzuschaffen ist unvergleichlich schwerer; noch immer ist die Teilung in Arbeiter und Bauern geblieben. Wenn der Bauer auf seinem abgesonderten Grundstück sitzt und das überschüssige Getreide zurückhält, d. h. Getreide, das er weder für sich noch für sein Vieh braucht, während alle anderen ohne Brot bleiben, so verwandelt sich dieser Bauer bereits in einen Ausbeuter. Je mehr Getreide er für sich zurückbehält, um so vorteilhafter für ihn, mögen die anderen ruhig hungern: »Je mehr sie hungern, um so teurer werde ich dieses Getreide verkaufen.« Nötig ist, daß alle nach einem einzigen gemeinsamen Plan arbeiten, auf gemeinsamem Boden, in gemeinsamen Fabriken und Werken und nach einer gemeinsamen Ordnung. Ist es leicht, das zu tun? Ihr seht, die Lösung dieser Aufgabe ist nicht so leicht wie die Vertreibung des Zaren, der Gutsbesitzer und Kapitalisten. Dazu ist nötig, daß das Proletariat einen Teil der Bauern umerzieht, ummodelt, daß es die werktätigen Bauern auf seine Seite herüberzieht, um den Widerstand der reichen Bauern zu brechen, die aus der Not der übrigen fette Gewinne ziehen. Die Aufgabe des proletarischen Kampfes ist also noch nicht damit beendet, daß wir den Zaren gestürzt, die Gutsbesitzer und Kapitalisten davongejagt haben, und sie zu vollenden ist eben die Aufgabe jener Ordnung, die wir als Diktatur des Proletariats bezeichnen.

Der Klassenkampf geht weiter; er hat nur seine Formen geändert. Diesen Klassenkampf führt das Proletariat, damit die alten Ausbeuter nicht zurückkehren können, damit die zersplitterte Masse der unaufgeklärten Bauernschaft sich zu einem Bund zusammenschließt. Der Klassenkampf geht weiter, und es ist unsere Aufgabe, alle Interessen diesem Kampf unterzuordnen. Und wir ordnen unsere kommunistische Sittlichkeit dieser Aufgabe unter. Wir sagen: Sittlich ist, was der Zerstörung der alten Ausbeutergesellschaft und dem Zusammenschluß aller Werktätigen um das Proletariat dient, das eine neue, die kommunistische Gesellschaft aufbaut.

Die kommunistische Sittlichkeit ist jene Sittlichkeit, die diesem Kampf dient und die Werktätigen zusammenschließt gegen jede Ausbeutung, gegen jedes Kleineigentum, denn das Kleineigentum liefert dem einzelnen das aus, was durch die Arbeit der ganzen Gesellschaft geschaffen worden ist. Der Grund und Boden gilt bei uns als Gemeineigentum.

Und wenn ich mir nun von diesem Gemeineigentum ein Stück nehme, darauf doppelt soviel Getreide anbaue, wie ich für mich brauche, und mit dem Getreideüberschuß spekuliere? Wenn ich so rechne: Je mehr Leute hungern, um so höher der Preis? Handle ich da etwa wie ein Kommunist? Nein! Wie ein Ausbeuter, wie ein Eigentümer! Dagegen müssen wir kämpfen. Wenn wir uns damit abfinden, so wird die ganze Entwicklung zurückgehen, zurück zur Macht der Kapitalisten, zur Macht der Bourgeoisie, wie das in früheren Revolutionen mehr als einmal der Fall gewesen ist. Wollen wir die Wiederherstellung der Macht der Kapitalisten und der Bourgeoisie verhindern, so dürfen wir keinen Krämergeist dulden und nicht zulassen, daß sich einzelne Personen auf Kosten anderer bereichern, so müssen sich alle Werktätigen mit dem Proletariat zusammenschließen und gemeinsam die kommunistische Gesellschaft bilden. Gerade darin besteht das Hauptmerkmal der grundlegenden Aufgabe, die dem Verband und der Organisation der kommunistischen Jugend gestellt ist.

Die alte Gesellschaft beruht auf dem Prinzip: Entweder raube ich den anderen aus, oder er raubt mich aus; entweder arbeite ich für den anderen, oder er arbeitet für mich; entweder bin ich Sklavenhalter, oder ich bin Sklave. Und es ist begreiflich, daß die in dieser Gesellschaft erzogenen Menschen diese Sinnesart, diese Gewohnheiten und Begriffe – entweder Sklavenhalter oder Sklave oder Kleineigentümer, kleiner Angestellter, kleiner Beamter, Intellektueller, kurzum ein Mensch, der nur auf seinen eigenen Vorteil bedacht ist und den der andere nichts angeht – sozusagen mit der Muttermilch einsaugen.

Wenn ich auf diesem Grundstück wirtschafte, was kümmert mich der andere? Falls er hungert, um so besser, denn um so teurer werde ich mein Getreide verkaufen. Wenn ich als Arzt, als Ingenieur, Lehrer oder Angestellter mein warmes Pöstchen habe, was kümmert mich der andere? Vielleicht kann ich mir durch Duldsamkeit, durch Liebedienerei vor den Machthabern mein Pöstchen erhalten und sogar emporkommen, zum Bourgeois aufsteigen. Eine solche Sinnesart und eine solche Stimmung darf es beim Kommunisten nicht geben. Als die Arbeiter und Bauern den Beweis erbrachten, daß wir imstande sind, uns durch unsere eigene Kraft zu behaupten und eine neue Gesellschaft zu schaffen, da begann auch die neue, die kommunistische Erziehung, die Erziehung im Kampf gegen die Ausbeuter, die Erziehung im Bund mit dem Proletariat, gegen die Egoisten und Kleineigentümer, gegen jene Sinnesart und jene Gewohnheiten, die da besagen: Ich bin auf meinen eigenen Vorteil bedacht, und alles andere kümmert mich nicht.

Das ist die Antwort auf die Frage, wie die junge, heranwachsende Generation den Kommunismus studieren muß.

Sie kann den Kommunismus nur studieren, wenn sie jeden

Schritt ihrer Schulung, Erziehung und Bildung mit dem ununterbrochenen Kampf der Proletarier und Werktätigen gegen die alte Ausbeutergesellschaft verknüpft. Redet man uns von Sittlichkeit, so sagen wir: Für den Kommunisten besteht die Sittlichkeit ganz und gar in dieser festen, solidarischen Disziplin und in dem bewußten Kampf der Massen gegen die Ausbeuter. An eine ewige Sittlichkeit glauben wir nicht, und wir entlarven den Betrug, der durch alle möglichen Märchen über Sittlichkeit verbreitet wird. Die Sittlichkeit ist dazu da, die menschliche Gesellschaft emporzuheben und sie von der Ausbeutung der Arbeit zu befreien.

Um das zu verwirklichen, bedarf es jener Generation der Jugend, die sich unter den Bedingungen des disziplinierten, erbitterten Kampfes gegen die Bourgeoisie in bewußte Menschen zu verwandeln begonnen hat. In diesem Kampf wird sie wahre Kommunisten erziehen, jeder Schritt in ihrer Schulung, Bildung und Erziehung muß diesem Kampf untergeordnet und mit ihm verknüpft sein. Die Erziehung der kommunistischen Jugend darf nicht darin bestehen, daß man ihr alle möglichen erbaulichen Reden hält und sittliche Regeln predigt. Nicht darin besteht die Erziehung. Wenn die Menschen gesehen haben, wie ihre Väter und Mütter unter dem Joch der Gutsbesitzer und Kapitalisten lebten; wenn sie selber an den Qualen teilhatten, die der erduldete, der den Kampf gegen die Ausbeuter aufnahm; wenn sie gesehen haben, welche Opfer die Fortsetzung dieses Kampfes kostet, um das Errungene zu behaupten, und was für wütende Feinde die Gutsbesitzer und Kapitalisten sind – so werden diese Menschen unter diesen Verhältnissen zu Kommunisten erzogen. Die Grundlage der kommunistischen Sittlichkeit ist der Kampf für die Festigung und Vollendung des Kommunismus. Darin besteht denn auch die Grundlage der kommunistischen Erziehung, Bildung und Schulung. Da habt ihr die Antwort auf die Frage, wie man den Kommunismus studieren soll.

Wir würden zur Schulung, Erziehung und Bildung kein Vertrauen haben, wenn sie sich auf die Schule beschränkte und von den Stürmen des Lebens losgelöst wäre. Solange die Arbeiter und Bauern von den Gutsbesitzern und Kapitalisten unterdrückt sind, solange sich die Schulen in den Händen der Gutsbesitzer und Kapitalisten befinden, bleibt die junge Generation blind und unwissend. Unsere Schule aber soll der Jugend die Grundlagen des Wissens vermitteln, sie soll sie befähigen, sich selbständig kommunistische Anschauungen zu erarbeiten, soll aus ihr gebildete Menschen machen. Sie soll die Menschen, während diese in der Schule lernen, zu Teilnehmern am Kampf für die Befreiung von den Ausbeutern erziehen. Der Kommunistische Jugendverband wird erst dann seinen Namen rechtfertigen und beweisen, daß er wirklich ein Bund der kommunistischen jungen Generation ist, wenn er jeden Schritt seiner Schulung, Erziehung und Bildung mit der Teilnahme am gemeinsamen Kampf aller Werktätigen gegen die Ausbeuter verbindet. Denn ihr wißt sehr wohl, daß wir, solange Rußland die einzige Arbeiterrepublik bleibt, während in der ganzen übrigen Welt die alte bürgerliche Ordnung besteht, schwächer sind als sie; daß uns immer wieder neue Überfälle drohen; daß wir nur, wenn wir es lernen, geschlossen und einmütig zu handeln, im weiteren Kampf siegen und, stärker geworden, in der Tat unüberwindlich werden. Kommunist sein heißt also die gesamte heranwachsende Generation organisieren und zusammenschließen, ein Beispiel der Erziehung und Disziplin in diesem Kampf geben. Erst dann werdet ihr die Aufgabe, das Gebäude der kommunistischen Gesellschaft zu errichten, in Angriff nehmen und zu Ende führen können...

»Prawda« Nr. 221, 222 und 223,
5., 6. und 7. Oktober 1920.
Werke, Bd. 31, S. 280–285.

Über die Bedeutung des streitbaren Materialismus

Über die allgemeinen Aufgaben der Zeitschrift »Pod Snamenem Marxisma« hat Gen. Trotzki in Heft 1/2 schon alles Wesentliche gesagt und es ausgezeichnet gesagt. Ich möchte auf einige Fragen eingehen, die Inhalt und Programm der Arbeit näher bestimmen, welche sich die Redaktion der Zeitschrift in ihrem Geleitwort zu Heft 1/2 zum Ziel gesetzt hat.

In diesem Geleitwort heißt es, nicht alle, die sich um die Zeitschrift »Pod Snamenem Marxisma« vereinigt haben, seien Kommunisten, doch alle seien konsequente Materialisten. Ich denke, daß dieses Bündnis von Kommunisten und Nichtkommunisten unbedingt notwendig ist und die Aufgaben der Zeitschrift richtig bestimmt. Einer der größten und gefährlichsten Fehler von Kommunisten (wie überhaupt von Revolutionären, die erfolgreich den Anfang einer großen Revolution vollbracht haben) ist die Vorstellung, daß eine Revolution von Revolutionären allein durchgeführt werden könne. Umgekehrt, für den Erfolg jeder ernsten revolutionären Arbeit ist es notwendig, zu begreifen und für die Praxis als Richtschnur zu nehmen, daß Revolutionäre lediglich als Avantgarde einer wirklich lebensfähigen und fortschrittlichen Klasse ihre Rolle spielen können. Die Avantgarde erfüllt nur dann die Aufgaben einer Avantgarde, wenn sie es versteht, sich von der unter ihrer Führung stehenden Masse nicht loszulösen, sondern die ganze Masse wirklich vorwärtszuführen. Ohne ein Bündnis mit Nichtkommunisten auf den verschiedenartigsten Tätigkeitsgebieten kann von einem erfolgreichen kommunistischen Aufbau keine Rede sein.

Das bezieht sich auch auf die Arbeit, die sich die Zeitschrift »Pod Snamenem Marxisma« zum Ziel gesetzt hat – auf die Verteidigung des Materialismus und Marxismus. Die Hauptrichtungen des fortschrittlichen gesellschaftlichen Denkens

Rußlands haben glücklicherweise eine wohlfundierte materialistische Tradition. Von G. W. Plechanow ganz zu schweigen, genügt es, Tschernyschewski zu nennen, dem gegenüber die Volkstümler unserer Zeit (die Volkssozialisten, Sozialrevolutionäre u. dgl. m.) nicht selten zurück gegangen sind, weil sie reaktionären philosophischen Moderichtungen nachjagten und sich vom Flitterglanz des angeblich »letzten Wortes« der europäischen Wissenschaft täuschen ließen, unfähig, hinter diesem Flitterglanz die eine oder andere Spielart des Lakaientums vor der Bourgeoisie und ihren Vorurteilen, vor dem reaktionären Geist der Bourgeoisie zu erkennen.

Jedenfalls gibt es bei uns in Rußland noch Materialisten aus dem Lager der Nichtkommunisten – und es wird sie zweifellos noch ziemlich lange geben –, und unsere unbedingte Pflicht ist es, alle Anhänger des konsequenten und streitbaren Materialismus im Kampf gegen die philosophische Reaktion und gegen die philosophischen Vorurteile der sogenannten »gebildeten Gesellschaft« zu gemeinsamer Arbeit heranzuziehen. Dietzgen der Ältere, den man nicht mit seinem Sohn, einem ebenso anmaßenden wie erfolglosen Literaten, verwechseln darf, brachte die Grundauffassung des Marxismus von den philosophischen Richtungen, die in den bürgerlichen Ländern herrschen und unter ihren Gelehrten und Publizisten Ansehen genießen, richtig, treffend und klar zum Ausdruck, als er sagte, daß die Professoren der Philosophie in der modernen Gesellschaft in der Mehrzahl der Fälle tatsächlich nichts anderes sind als »diplomierte Lakaien der Pfafferei«.

Unsere russischen Intellektuellen, die sich – wie übrigens auch ihre Kollegen in allen übrigen Ländern – sehr gern für fortschrittliche Leute halten, lieben es durchaus nicht, wenn die Behandlung der Frage in die durch Dietzgens Urteil angegebene Richtung gelenkt wird. Und zwar lieben sie es deshalb nicht, weil ihnen die Wahrheit ein Dorn im Auge ist. Es genügt, ein wenig über die staatliche, ferner die allgemein-ökonomische, die soziale und jede Art sonstiger Abhängigkeit der Gebildeten unserer Zeit von der herrschenden Bourgeoisie nachzudenken, um die absolute Richtigkeit der scharfen Charakteristik Dietzgens zu begreifen. Man braucht sich nur an die übergroße Mehrzahl der in den europäischen Ländern so häufig auftauchenden philosophischen Moderichtungen zu erinnern, angefangen beispielsweise mit denen, die an die Entdeckung des Radiums anknüpften, bis zu denen, die sich heute an Einstein zu klammern suchen, um eine Vorstellung von dem Zusammenhang zu bekommen, der zwischen den Klasseninteressen und der Klassenstellung der Bourgeoisie sowie der Unterstützung, die sie jeglichen Formen der Religion gewährt, und dem Ideeninhalt der philosophischen Moderichtungen besteht.

Aus dem Gesagten ist ersichtlich, daß eine Zeitschrift, die ein Organ des streitbaren Materialismus sein will, erstens ein Kampforgan im Sinne der unentwegten Entlarvung und Verfolgung aller modernen »diplomierten Lakaien der Pfafferei« sein muß, einerlei, ob diese als Repräsentanten der offiziellen Wissenschaft oder als Freischärler auftreten, die sich »demokratisch-radikale oder ideell-sozialistische« Publizisten nennen.

Eine solche Zeitschrift muß zweitens ein Organ des streitbaren Atheismus sein. Wir haben Behörden oder zumindest staatliche Einrichtungen, die für diese Arbeit zuständig sind. Sie wird jedoch äußerst träge, äußerst unbefriedigend geleistet, da sich offenbar der Druck der allgemeinen Verhältnisse unseres echt russischen (obzwar sowjetischen) Bürokratismus auf sie auswirkt. Es ist daher außerordentlich wichtig, daß in Ergänzung der von den entsprechenden staatlichen Einrichtungen geleisteten Arbeit, zur Korrektur und Belebung dieser Arbeit eine Zeitschrift, die ein Organ des streitbaren Materialismus werden will, unermüdlich atheistische Propaganda treibt und für den Atheismus kämpft. Die gesamte einschlägige Literatur in allen Sprachen muß aufmerksam verfolgt und alles, was auf diesem Gebiet von irgendwelchem Wert ist, übersetzt oder mindestens besprochen werden.

Engels hat den Führern des modernen Proletariats schon vor langer Zeit den Rat gegeben, die kämpferische atheistische

Literatur vom Ende des 18. Jahrhunderts zur Massenverbreitung unter dem Volk zu übersetzen.[31] Zu unserer Schande haben wir dies bisher noch nicht getan (einer von den zahlreichen Beweisen dafür, daß es viel leichter ist, in einer revolutionären Epoche die Macht zu erobern, als diese Macht richtig zu gebrauchen). Zuweilen will man diese unsere Trägheit, Untätigkeit und Ungeschicktheit mit allerhand »tiefgründigen« Erwägungen rechtfertigen, zum Beispiel damit, daß die alte atheistische Literatur des 18. Jahrhunderts veraltet, unwissenschaftlich, naiv usw. sei. Es gibt nichts Schlimmeres als dergleichen pseudowissenschaftliche Sophismen, hinter denen sich entweder Pedanterie oder ein vollkommenes Unverständnis für den Marxismus verbirgt. Natürlich finden sich in den atheistischen Schriften der Revolutionäre des 18. Jahrhunderts nicht wenig unwissenschaftliche und naive Dinge. Aber niemand hindert die Herausgeber dieser Schriften daran, sie zu kürzen und ihnen kurze Nachworte beizugeben, in denen auf den Fortschritt, den die Menschheit seit dem Ende des 18. Jahrhunderts in der wissenschaftlichen Kritik der Religion gemacht hat, auf die entsprechenden neuesten Werke usw. hingewiesen wird. Es wäre der größte und schlimmste Fehler, den ein Marxist begehen kann, zu glauben, die Millionenmassen des Volkes (besonders der Bauern und Handwerker), die von der ganzen modernen Gesellschaft zu geistiger Finsternis, Unwissenheit und Befangenheit in Vorurteilen verdammt sind, könnten aus dieser Finsternis nur auf dem geraden Weg rein marxistischer Aufklärung herauskommen. Diesen Massen muß man in der atheistischen Propaganda die mannigfaltigsten Kenntnisse vermitteln, man muß sie mit Tatsachen aus den allerverschiedensten Lebensgebieten bekannt machen, muß bald so, bald anders an sie herantreten, um ihr Interesse wachzurufen, muß sie aus dem religiösen Schlaf erwecken, sie von den verschiedensten Seiten her, mit den verschiedensten Methoden aufrütteln u. dgl. m.

Die schlagfertige, lebendige, talentvolle, geistreich und offen die herrschende Pfafferei attackierende Publizistik der alten

Atheisten des 18. Jahrhunderts wird zur Aufrüttelung der Menschen aus ihrem religiösen Schlaf fast durchweg tausendmal geeigneter sein als die langweiligen, trockenen, fast niemals durch geschickt ausgewählte Tatsachen erläuterten Wiedergaben des Marxismus, die in unserer Literatur überwiegen und (sagen wir es offen) den Marxismus häufig entstellen. Alle größeren Werke von Marx und Engels liegen bei uns in Übersetzungen vor. Es gibt nicht den geringsten Grund zu der Befürchtung, daß der alte Atheismus und der alte Materialismus bei uns unergänzt bleiben könnten durch die Korrekturen, die Marx und Engels vorgenommen haben. Die Hauptsache – das gerade vergessen unsere vermeintlich marxistischen, in Wirklichkeit aber den Marxismus verunstaltenden Kommunisten zumeist – besteht darin, daß man es verstehen muß, die noch ganz unentwickelten Massen für eine bewußte Einstellung zu den religiösen Fragen und für eine bewußte Kritik an den Religionen zu interessieren.

Anderseits betrachte man die Vertreter der modernen wissenschaftlichen Religionskritik. Fast stets »ergänzen« diese Vertreter der gebildeten Bourgeoisie ihre eigene Widerlegung der religiösen Vorurteile durch Argumente, die sie sogleich als ideelle Sklaven der Bourgeoisie, als »diplomierte Lakaien der Pfafferei« entlarven.

Zwei Beispiele: Professor R. J. Wipper gab 1918 ein Büchlein »Der Ursprung des Christentums« (Verlag »Pharos«, Moskau) heraus. Der Verfasser berichtet zwar über die wichtigsten Erkenntnisse der modernen Wissenschaft, führt jedoch nicht nur keinen Kampf gegen die Vorurteile und den Betrug, diese Waffen, deren sich die Kirche als politische Organisation bedient, er macht nicht nur einen Bogen um diese Fragen, sondern erhebt auch noch den geradezu lächerlichen und im höchsten Grade reaktionären Anspruch, über den beiden »Extremen«, dem idealistischen wie dem materialistischen, zu stehen. Das ist Liebedienerei vor der herrschenden Bourgeoisie, die in der ganzen Welt Hunderte Millionen Rubel von dem den Werktätigen abgepreßten Profit zur Unterstützung der Religion verwendet.

Der bekannte deutsche Gelehrte Arthur Drews widerlegt in seinem Buch »Die Christusmythe« die religiösen Vorurteile und Märchen, er beweist, daß es einen Christus niemals gegeben hat, spricht sich aber am Schluß des Buches für die Religion aus, freilich für eine erneuerte, frisch aufgeputzte, schlau zurechtgemachte Religion, die fähig wäre, »der täglich immer mächtiger anschwellenden naturalistischen Flutwelle« zu widerstehen (S. 238 der 4. deutschen Auflage, 1910). Hier haben wir es mit einem direkten, bewußten Reaktionär zu tun, der den Ausbeutern unverhüllt hilft, die alten und verfaulten religiösen Vorurteile durch funkelnagelneue, noch widerlichere und niederträchtigere Vorurteile zu ersetzen.

Das bedeutet nicht, daß man Drews nicht übersetzen sollte. Das bedeutet, daß die Kommunisten und alle konsequenten Materialisten, wenn sie bis zu einem gewissen Grade ihr Bündnis mit dem progressiven Teil der Bourgeoisie verwirklichen, diese unentwegt entlarven müssen, sobald sie ins Reaktionäre verfällt. Das bedeutet, daß es Verrat am Marxismus und Materialismus wäre, wenn man ein Bündnis mit den Vertretern der Bourgeoisie des 18. Jahrhunderts, d.h. der Epoche, da diese revolutionär war, verschmähen wollte, denn im Kampf gegen die herrschenden religiösen Dunkelmänner ist es unsere Pflicht, mit den Drews ein »Bündnis« in dieser oder jener Form, in diesem oder jenem Grade einzugehen.

Die Zeitschrift »Pod Snamenem Marxisma«, die ein Organ des streitbaren Materialismus sein will, muß der atheistischen Propaganda, der Berichterstattung über die entsprechende Literatur und der Behebung der gewaltigen Mängel unserer staatlichen Tätigkeit auf diesem Gebiet viel Platz einräumen. Besonders wichtig ist es, die Bücher und Broschüren auszuwerten, die viele konkrete Tatsachen und Gegenüberstellungen enthalten, aus denen der Zusammenhang der Klasseninteressen und Klassenorganisationen der modernen Bourgeoisie mit den Organisationen der religiösen Institutionen und der religiösen Propaganda sichtbar wird.

Außerordentlich wichtig sind alle Materialien, die sich auf

die Vereinigten Staaten von Nordamerika beziehen, wo der offizielle, amtliche, staatliche Zusammenhang zwischen Religion und Kapital weniger in Erscheinung tritt. Dafür sehen wir dort um so klarer, daß die sogenannte »moderne Demokratie« (die die Menschewiki, die Sozialrevolutionäre und zum Teil auch die Anarchisten usw. so unvernünftig verherrlichen) nichts anderes darstellt als die Freiheit, das zu predigen, was für die Bourgeoisie vorteilhaft ist, vorteilhaft ist es für sie aber, wenn die reaktionärsten Ideen, die Religion, der Obskurantismus, die Verteidigung der Ausbeuter u. dgl. m. gepredigt werden.

Man darf wohl erwarten, daß die Zeitschrift, die ein Organ des streitbaren Materialismus sein will, unserem Leserpublikum einen Überblick über die atheistische Literatur bieten wird, versehen mit Hinweisen, für welchen Leserkreis und in welcher Hinsicht diese oder jene Schriften geeignet sein könnten, und mit Angabe, was bei uns schon erschienen ist (als bereits erschienen können nur brauchbare Übersetzungen, deren es nicht allzu viele gibt, betrachtet werden) und was noch herausgegeben werden muß.

Nicht minder wichtig, wenn nicht gar noch wichtiger, als das Bündnis mit den konsequenten Materialisten, die nicht der Partei der Kommunisten angehören, ist für die vom streitbaren Materialismus zu leistende Arbeit das Bündnis mit den Vertretern der modernen Naturwissenschaft, die dem Materialismus zuneigen und sich nicht scheuen, ihn entgegen den in der sogenannten »gebildeten Gesellschaft« herrschenden philosophischen Modeschwankungen zum Idealismus und Skeptizismus zu verfechten und zu propagieren.

Der in Heft 1/2 der Zeitschrift »Pod Snamenem Marxisma« erschienene Artikel A. Timirjasews über die Relativitätstheorie Einsteins läßt uns hoffen, daß es der Zeitschrift gelingen wird, auch dieses zweite Bündnis zu verwirklichen. Man muß ihm größere Aufmerksamkeit zuwenden. Man muß bedenken, daß gerade aus dem jähen Umbruch, den die moderne Naturwissenschaft durchmacht, unausgesetzt reaktionäre philosophische Schulen und Richtungen, große wie kleine, emporsprießen. Die Fragen, welche die jüngste Revolution auf dem Gebiet der Naturwissenschaft aufwirft, aufmerksam zu verfolgen und hierzu Naturforscher für die Mitarbeit an der philosophischen Zeitschrift zu gewinnen ist daher eine Aufgabe, ohne deren Lösung der streitbare Materialismus schlechthin weder streitbar noch materialistisch sein kann. Wenn Timirjasew im ersten Heft der Zeitschrift hervorheben mußte, daß schon eine Unzahl Vertreter der bürgerlichen Intelligenz in allen Ländern die Theorie Einsteins, der nach Timirjasews Worten persönlich keinerlei aktiven Feldzug gegen die Grundlagen des Materialismus führt, auszuschlachten versucht, so gilt das nicht nur für Einstein allein, sondern für eine ganze Reihe, wenn nicht die Mehrzahl aller großen Neuerer in der Naturwissenschaft seit dem Ende des 19. Jahrhunderts.

Und um einer solchen Erscheinung nicht ratlos gegenüberzustehen, müssen wir begreifen, daß sich ohne eine gediegene philosophische Grundlage keine Naturwissenschaft, kein Materialismus im Kampf gegen den Ansturm der bürgerlichen Ideen und gegen die Wiederherstellung der bürgerlichen Weltanschauung behaupten kann. Um diesen Kampf bestehen und mit vollem Erfolg zu Ende führen zu können, muß der Naturforscher moderner Materialist, bewußter Anhänger des von Marx vertretenen Materialismus sein, das heißt, er muß dialektischer Materialist sein. Um dieses Ziel zu erreichen, müssen die Mitarbeiter der Zeitschrift »Pod Snamenem Marxisma« das systematische Studium der Dialektik Hegels vom materialistischen Standpunkt aus organisieren, d. h. jener Dialektik, die Marx sowohl in seinem »Kapital« wie auch in seinen historischen und politischen Schriften praktisch angewandt hat, und zwar mit so viel Erfolg, daß jetzt jeder Tag, da im Osten (Japan, Indien, China) neue Klassen zum Leben und zum Kampf erwachen – d. h. jene Hunderte Millionen der Menschheit, die den größeren Teil der Erdbevölkerung ausmachen und die durch ihre geschichtliche Untätigkeit und ihren geschichtlichen

Schlaf bisher den Stillstand und die Fäulnis in vielen fortgeschrittenen Staaten Europas bedingt haben –, daß jeder Tag, da neue Völker und neue Klassen zum Leben erwachen, den Marxismus immer mehr bekräftigt.

Gewiß ist ein solches Studium, eine solche Auslegung und eine solche Propaganda der Hegelschen Dialektik außerordentlich schwierig, und die ersten Versuche in dieser Richtung werden zweifellos mit Fehlern behaftet sein. Aber nur der macht keine Fehler, der nichts tut. Gestützt auf die Marxsche Anwendung der materialistisch aufgefaßten Dialektik Hegels, können und müssen wir diese Dialektik nach allen Seiten hin ausarbeiten, in der Zeitschrift Auszüge aus den Hauptwerken Hegels veröffentlichen und sie materialistisch auslegen, indem wir sie durch Musterbeispiele der Anwendung der Dialektik bei Marx kommentieren, ebenso aber auch durch Musterbeispiele der Dialektik auf dem Gebiet der ökonomischen und politischen Verhältnisse, wie sie uns die neueste Geschichte, besonders der moderne imperialistische Krieg und die Revolution, in so ungewöhnlich großer Anzahl bieten. Die Gruppe der Redakteure und Mitarbeiter der Zeitschrift »Pod Snamenem Marxisma« sollte nach meiner Meinung eine Art »Gesellschaft materialistischer Freunde der Hegelschen Dialektik« sein. Die modernen Naturforscher werden (wenn sie es verstehen, danach zu suchen, und wir es lernen, ihnen dabei zu helfen) in der materialistisch gedeuteten Dialektik Hegels eine Reihe von Antworten auf die philosophischen Fragen finden, die durch die Revolution in der Naturwissenschaft aufgeworfen werden und bei denen die intellektuellen Anbeter der bürgerlichen Mode zur Reaktion »abgleiten«.

Stellt man sich eine solche Aufgabe nicht und arbeitet man nicht systematisch an ihrer Lösung, so kann der Materialismus kein streitbarer Materialismus sein. Er wird, um einen Ausdruck Schtschedrins zu gebrauchen, sich nicht so sehr schlagen als vielmehr geschlagen werden. Ohne eine solche Aufgabenstellung werden die großen Naturforscher auch künftig ebenso häufig wie bisher in ihren philosophischen Schlußfolgerungen und Verallgemeinerungen hilflos sein. Denn die Naturwissenschaft schreitet so schnell voran, macht eine Periode so tiefgehenden revolutionären Umbruchs auf allen Gebieten durch, daß sie ohne philosophische Schlußfolgerungen unter keinen Umständen auskommen kann.

Zum Schluß möchte ich noch ein Beispiel anführen, das zwar nicht das Gebiet der Philosophie, aber doch jedenfalls das Gebiet der gesellschaftlichen Fragen betrifft, denen die Zeitschrift »Pod Snamenem Marxisma« ebenfalls Beachtung schenken will.

Es ist eines von den Beispielen dafür, wie die moderne Quasi-Wissenschaft in Wirklichkeit als Schrittmacher der krassesten und niederträchtigsten reaktionären Anschauungen dient.

Unlängst erhielt ich die Zeitschrift »Ekonomist« Nr. 1 (1922) zugesandt, die von der XI. Abteilung der »Russischen Technischen Gesellschaft« herausgegeben wird. Der junge Kommunist, der mir diese Zeitschrift zusandte (und der wahrscheinlich keine Zeit hatte, sich mit ihrem Inhalt bekannt zu machen), sprach sich über die Zeitschrift unvorsichtigerweise außerordentlich lobend aus. In Wirklichkeit stellt diese Zeitschrift – ich weiß nicht, inwieweit bewußt – ein Organ moderner Anhänger der Leibeigenschaft dar, die sich natürlich in die Toga der Wissenschaftlichkeit, des Demokratismus u. dgl. m. hüllen.

Ein gewisser Herr P. A. Sorokin veröffentlicht in dieser Zeitschrift weitschweifige, angeblich »soziologische« Untersuchungen »Über den Einfluß des Krieges«. Der gelehrte Artikel strotzt von gelehrten Hinweisen auf die »soziologischen« Werke des Verfassers und seiner zahlreichen ausländischen Lehrer und Kollegen. Seine Gelehrtheit sieht so aus:

Auf Seite 83 lese ich:

»Auf 10000 Ehen in Petrograd kommen gegenwärtig 92,2 Ehescheidungen – eine phantastische Zahl, wobei von 100 geschiedenen Ehen 51,1 weniger als ein Jahr dauerten, 11 % hatten eine Dauer von nicht einmal einem Monat, 22 % von weniger als zwei Monaten, 41 %

von weniger als drei–sechs Monaten und nur 26 % von über sechs Monaten. Diese Zahlen besagen, daß die moderne gesetzliche Ehe die Form ist, die dem Wesen nach außereheliche geschlechtliche Beziehungen verbirgt und Liebhabern ›galanter Abenteuer‹ die Möglichkeit gibt, mit ›gesetzlichem‹ Segen ihren Gelüsten zu frönen.« (»Ekonomist« Nr. 1, S. 83.)

Sicher rechnen sich sowohl dieser Herr als selbst auch die »Russische Technische Gesellschaft«, die die Zeitschrift herausgibt und derartige Betrachtungen veröffentlicht, zu den Verfechtern der Demokratie und betrachten es als schwere Beleidigung, wenn man sie als das bezeichnet, was sie in Wirklichkeit sind, nämlich als Anhänger der Leibeigenschaft, als Reaktionäre, als »diplomierte Lakaien der Pfafferei«.

Die oberflächlichste Bekanntschaft mit der Gesetzgebung der bürgerlichen Länder über Ehe, Scheidung und uneheliche Kinder wie auch mit der wahren Lage der Dinge in dieser Hinsicht zeigt jedem, der sich für diese Frage interessiert, daß sich die moderne bürgerliche Demokratie selbst in den demokratischsten bürgerlichen Republiken in dieser Beziehung gerade als Fürsprecherin der Leibeigenschaft gegenüber der Frau und den unehelichen Kindern erweist.

Das hindert die Menschewiki, die Sozialrevolutionäre und einen Teil der Anarchisten sowie alle entsprechenden Parteien des Westens natürlich nicht, mit ihrem Geschrei über die Demokratie und deren Verletzung durch die Bolschewiki fortzufahren. In Wirklichkeit stellt gerade die bolschewistische Revolution in Fragen wie der Ehe, der Ehescheidung und der Lage der unehelichen Kinder die einzige konsequent demokratische Revolution dar. Das ist aber eine Frage, die unmittelbar die Interessen der größeren Bevölkerungshälfte in jedem Lande berührt. Erst die bolschewistische Revolution hat, trotz der großen Zahl der vorangegangenen und sich demokratisch nennenden bürgerlichen Revolutionen, in dieser Beziehung zum erstenmal einen entschiedenen Kampf geführt, und zwar sowohl gegen die reaktionären und leibeigenschaftlichen Zustände als auch gegen die übliche Heuchelei der herrschenden und besitzenden Klassen.

Wenn dem Herrn Sorokin 92 Ehescheidungen auf 10 000 Ehen eine phantastische Zahl zu sein scheinen, so bleibt uns nur die Annahme übrig, daß der Verfasser entweder in einem vom Leben so abgeschlossenen Kloster gelebt hat und erzogen worden ist, daß wohl kaum jemand an die Existenz eines solchen Klosters glauben wird, oder daß dieser Verfasser die Wahrheit zugunsten der Reaktion und der Bourgeoisie verfälscht. Wer auch nur einigermaßen mit den gesellschaftlichen Verhältnissen in den bürgerlichen Ländern vertraut ist, der weiß, daß die faktische Zahl der faktischen (natürlich nicht von der Kirche und dem Gesetz sanktionierten) Ehescheidungen überall unvergleichlich höher ist. Rußland unterscheidet sich in dieser Hinsicht von den anderen Ländern lediglich dadurch, daß seine Gesetze die Heuchelei und die rechtlose Lage der Frau und ihres Kindes nicht sanktionieren, sondern offen und im Namen der Staatsmacht jeder Heuchelei und jeder Rechtlosigkeit den systematischen Krieg erklären.

Eine marxistische Zeitschrift wird auch gegen die modernen »gebildeten« Anhänger der Leibeigenschaft dieser Sorte Krieg führen müssen. Wahrscheinlich bezieht bei uns ein nicht geringer Teil dieser Leute sogar Staatsgelder und steht im Staatsdienst, um die Jugend aufzuklären, obwohl sie dazu nicht mehr taugen, als notorische Kinderschänder in der Rolle von Erziehern an Schulen für die unterste Altersstufe taugen würden.

Die Arbeiterklasse Rußlands hat es vermocht, die Macht zu erobern, aber es noch nicht gelernt, sie zu gebrauchen, denn sonst hätte sie derartige Lehrer und Mitglieder gelehrter Gesellschaften schon längst aufs höflichste in die Länder der bürgerlichen »Demokratie« hinauskomplimentiert. Dort ist für solche Leibeigenschaftsapostel gerade der richtige Platz.

Sie wird es lernen, wenn sie nur will.

12. III. 1922

»Pod Snamenem Marxisma« Nr. 3, März 1922.
Werke, Bd. 33, S. 213–223.

Anhang

Konspekt zu Feuerbachs »Vorlesungen über das Wesen der Religion«[32]

L. Feuerbach. *Sämtliche Werke, Bd. 8, 1851*
»Vorlesungen
über das Wesen der Religion«[33]

8⁰. R. 807

Vorwort datiert vom 1. I. 51, – Feuerbach spricht hier von den Ursachen seiner Nichtbeteiligung an der Revolution von 1848, die ein »so schmähliches, so resultatloses Ende« (VII) nahm. Die Revolution von 1848 hatte keinen ‹Orts- und Zeitsinn›, die *Konstitutionalisten* erwarteten die Freiheit vom *Worte* ‹des Herrn›, die *Republikaner* (VII/VIII) – von ihrem *Wollen* (»das man eine Republik nur zu *wollen* brauche, um sie auch schon ins Leben zu rufen«) (VIII) ...

»Wenn wieder eine Revolution ausbricht und ich an ihr tätigen Anteil nehme, dann können Sie ... gewiß sein, daß diese Revolution eine siegreiche, daß der jüngste Tag der Monarchie und Hierarchie gekommen ist.« (VII.)

| Feuerbach hat die Revolution von 1848 nicht begriffen

1. Vorlesung (1–11).

S. 2: »Wir haben ebenso wie den philosophischen den politischen Idealismus satt; wir wollen jetzt politische Materialisten sein.« ||| Sic!!

3/4 – Warum Feuerbach sich aufs Land zurückzog: Bruch mit der »gottesgläubigen Welt«, S. 4 (‹Z. 7 v. u.›) (vgl. S. 3 in f.) – mit der »Natur« leben (5), alle »überspannten« Vorstellungen ‹ablegen›. ||| »Überspanntes« weg!

7–11. Feuerbach gibt einen Überblick über seine Werke (7–9: Geschichte der neuern Philosophie) (9–11 Spinoza, Leibniz).[34]

2. *Vorlesung* (12–20).

12–14 – Bayle.

»Sinnlichkeit« bei Feuerbach

15: ‹*Sinnlichkeit*› bedeutet bei mir »die wahre, nicht gedachte und gemachte, sondern existierende Einheit des Materiellen und Geistigen, ist daher bei mir ebensoviel als wie Wirklichkeit«.

‹Sinnlich› ist nicht nur der ‹Magen›, sondern auch der ‹Kopf› (15).

(16–20: Feuerbachs Schriften über die Unsterblichkeit[35]; Wiedergabe.)

3. *Vorlesung* (21–30).

Gegen mein »Wesen des Christentums«[36] wandte man ein, daß bei mir der *Mensch* von nichts abhängig sei, »man opponierte dieser meiner angeblichen Vergötterung des Menschen« (24). »Das Wesen, welches der Mensch voraussetzt, . . . ist *nichts andres als die Natur,* nicht euer Gott.« (25.)

»Das bewußtlose Wesen der Natur ist mir das ewige, unentstandene Wesen, das erste Wesen, aber das erste der Zeit, nicht dem Rang nach, das physisch, aber nicht moralisch erste Wesen . . .« (27.)

Meine Verneinung schließt auch Bejahung ein . . . »Allerdings ist es eine Folge meiner Lehre, daß kein Gott ist« (29), aber das folgt aus der Erkenntnis des Wesens Gottes (= Ausdruck des Wesens der Natur, des Wesens des Menschen).

4. Vorlesung.

»Das Abhängigkeitsgefühl ist der Grund der Religion.« (31.) (»Furcht« 33–4–5–6.)

»Die sogenannten spekulativen Philosophen sind ... *die* Philosophen, welche nicht ihre Begriffe nach den Dingen, sondern vielmehr die Dinge nach ihren Begriffen einrichten.« (31.)

cf. Marx und Engels[37]

(5. Vorlesung.)

– besonders der *Tod* erzeugt Furcht, Glauben an Gott (41).

»Ich hasse den Idealismus, welcher den Menschen aus der Natur herausreißt; ich schäme mich nicht meiner Abhängigkeit von der Natur.« (44.)

»Sowenig ich im Wesen des Christentums, wie man mir törichterweise vorgeworfen, den Menschen vergöttert ... sowenig will ich die Natur im Sinne der Theologie ... vergöttert wissen ...« (46/47.)

6. Vorlesung – Tierkultus (50 ff.).

»Das, wovon der Mensch abhängig ist, ... ist ... die Natur, ein Gegenstand der Sinne ... alle die Eindrücke, welche die Natur vermittelst der Sinne auf den Menschen macht, ... Motive religiöser Verehrung werden können.« (55.)

(7. Vorlesung.)

Unter Egoismus verstehe ich nicht den Egoismus des »Philisters und Bourgeois« (63), sondern das philosophische Prinzip der Übereinstimmung mit der Natur, mit der menschlichen Vernunft, wider »die theologische Heuchelei, die religiöse und spekulative Phantastik, die politische Despotie« (63 i. f.). Cf. *64, sehr wichtig.*[38]

»Egoismus« und seine Bedeutung

Id. 68 i. f. und 69 i. f. – Egoismus (im philosophischen Sinne) ist die Wurzel der Religion.

(70: ‹Die Gelehrten› kann man nur durch ihre Waffen, d. h. durch Zitate schlagen)

»... man die Gelehrten nur durch ihre eigenen Waffen, d.h. Zitate schlagen kann...« (70.)

zum Wort Energie

Übrigens gebraucht Feuerbach auf S. 78 den Ausdruck: ‹Energie d. h. Tätigkeit›. Das ist bemerkenswert. Im Begriff Energie steckt in der Tat ein subjektives Moment, das z. B. im Begriff Bewegung nicht vorhanden ist. Oder, richtiger, im Begriff oder im Wortgebrauch des Begriffs Energie ist etwas, das Objektivität ausschließt. Energie des Mondes (cf.) versus[1] Bewegung des Mondes.

107 i. f. »... die Natur ein ursprüngliches, erstes und letztes Wesen ist...«

das Sinnliche = das Erste, das durch sich selbst Bestehende und Wahre

111: »... ist mir ... in der Philosophie ... das Sinnliche das Erste; aber das Erste nicht nur im Sinne der spekulativen Philosophie, wo das Erste das bedeutet, worüber hinausgegangen werden muß, sondern das Erste im Sinne des Unableitbaren, des durch sich selbst Bestehenden und Wahren.«

... »Das Geistige ist nichts außer und ohne das Sinnliche.«

NB überhaupt S. 111: »... die Wahrheit und Wesenhaftigkeit (NB) der Sinne, von welcher ... die Philosophie ... ausgeht...«

112 »... der Mensch nur vermittelst seines sinnlich existierenden Kopfes denkt, die Vernunft an dem Kopf, dem Hirn, dem Sammelpunkt der Sinne einen bleibenden sinnlichen Grund und Boden hat.«

[1] gegen, gegenüber

Ferner S. 112 über die Wahrheit (‹Urkunden›) der Sinne.

114: Natur = erstes, ‹unableitbares, ursprüngliches Wesen›.

»So hängen mit dem ›Wesen der Religion‹ zusammen ›die Grundsätze der Philosophie‹.«[39] (113.)

»Ich vergöttere nichts, folglich auch nicht die Natur.« (115.)

116 – Antwort auf den Vorwurf, daß Feuerbach keine *Definition von der Natur* gibt:

»Ich verstehe unter Natur den Inbegriff aller sinnlichen Kräfte, Dinge und Wesen, welche der Mensch als nicht menschliche von sich unterscheidet ... Oder das Wort praktisch erfaßt: Natur ist alles, was dem Menschen, abgesehen von den supranaturalistischen Einflüsterungen des theistischen Glaubens, unmittelbar, sinnlich als Grund und Gegenstand seines Lebens sich erweist. Natur ist Licht, ist Elektrizität, ist Magnetismus, ist Luft, ist Wasser, ist Feuer, ist Erde, ist Tier, ist Pflanze, ist Mensch, soweit er ein unwillkürlich und unbewußt wirkendes Wesen – nichts weiter, nichts Mystisches, nichts Nebuloses, nichts Theologisches nehme ich bei dem Worte: Natur in Anspruch« (weiter oben: zum Unterschied von Spinoza).

»Natur ... ist alles, was du siehst und nicht von menschlichen Händen und Gedanken herrührt. Oder, wenn wir auf die Anatomie der Natur eingehen, Natur ist das Wesen oder der Inbegriff der Wesen und Dinge, deren Erschei-

NB

Das bedeutet, daß Natur = alles außer dem Übernatürlichen. Feuerbach ist glänzend, aber nicht tief. Engels bestimmt den Unterschied zwischen Materialismus und Idealismus tiefer.[40]

nungen, Äußerungen oder Wirkungen, worin sich eben ihr Dasein und Wesen offenbart und besteht, nicht in Gedanken oder Absichten und Willensentschlüssen, sondern in astronomischen oder kosmischen, mechanischen, chemischen, physischen, physiologischen oder organischen Kräften oder Ursachen ihren Grund haben.« (116/117.)

[Auch hier läuft die Sache auf eine Gegenüberstellung von Materie und Geist, von Physischem und Psychischem hinaus.]

121 – gegen das Argument, daß es eine erste Ursache (= Gott) geben müsse.

»Es ist nur die Beschränktheit und Bequemlichkeitsliebe des Menschen, welche an die Stelle der Zeit die Ewigkeit, an die Stelle des endlosen Fortgangs von Ursache zu Ursache die Unendlichkeit, an die Stelle der rastlosen Natur die stabile Gottheit, an die Stelle ewiger Bewegung den ewigen Stillstand setzen.« (121 i. f.)

124/125. Die Menschen ersetzen aus subjektiven Notwendigkeiten das Konkrete durch das Abstrakte, die Anschauung durch den Begriff, das Viele durch ein Eins, das unendliche Σ der Ursachen durch *eine* Ursache.

‹objektiv = außer uns›

Nur muß man diesen Abstraktionen »keine objektive Gültigkeit und Existenz, keine Existenz außer uns zuschreiben« (125).

... »Die Natur hat keinen Anfang und kein Ende. Alles in ihr steht in Wechselwirkung, alles ist relativ, alles zugleich Wirkung und Ursache, alles in ihr ist allseitig und gegenseitig ...«

da hat Gott nichts zu suchen (129/130; einfache Argumente gegen Gott).

»... die Ursache der ersten und allgemeinen Ursache der Dinge im Sinne der Theisten, der Theologen, der sogenannten spekulativen Philosophen – ist der Verstand des Menschen ...« (130.) »Gott ist ... die Ursache überhaupt, der Begriff der Ursache als ein personifiziertes, verselbständigtes Wesen ...« (131.)

»Gott ist die abstrakte, d. h. von der sinnlichen Anschauung abgezogene, gedachte, zu einem Verstandesobjekt oder Verstandeswesen gemachte Natur; die Natur im eigentlichen Sinne ist die sinnliche, wirkliche Natur, wie sie uns unmittelbar die Sinne offenbaren und darstellen.« (133.)

unmittelbar

Die Theisten erblicken die Ursache der Bewegung in der Natur (die sie zu einer toten Masse oder Materie machen) in Gott (134). Die Macht Gottes ist aber in Wirklichkeit die *Macht der Natur* (Naturmacht: 135).

... »Wir erkennen ja nur die Eigenschaften der Dinge aus ihren Wirkungen ...« (136.)

Der Atheismus (136/137) hebt weder ‹*das moralische Über* (= das Ideal)› noch ‹*das natürliche Über* (= die Natur)› auf.

... »Ist die Zeit nicht eine Form nur der Welt, die Art und Weise, in welcher die einzelnen Wesen und Wirkungen der Welt aufeinander folgen? Wie kann ich also der Welt einen zeitlichen Anfang zuschreiben?« (145.)

Zeit und Welt

»... Gott nur die Welt in Gedanken ... ist. Der Unterschied zwischen Gott und Welt ist nur der Unterschied zwischen Geist und Sinn, Gedanken und Anschauung ...« (146.)

Gott will man als ein außer uns existierendes

Sein außer uns = vom Denken unabhängig

Wesen vorstellen. Aber wird denn nicht gerade dadurch die Wahrheit des sinnlichen Seins eingestanden? (Wird dadurch) »nicht anerkannt, daß es außer sinnlichem Sein kein Sein gibt? Haben wir denn ein anderes Merkmal, ein anderes Kriterium einer Existenz außer uns, einer vom Denken unabhängigen Existenz, als die Sinnlichkeit?« (148.)

NB Natur außerhalb der Materie, unabhängig von ihr = Gott

»... die Natur ... in der Absonderung von ihrer Materialität und Körperlichkeit ... Gott ist ...« (149.)

NB Theorie der »Kopie«

»Die Natur von Gott ableiten, ist ebensoviel, als aus dem Bilde, aus der Kopie das Original, aus dem Gedanken eines Dings dieses Ding ableiten wollen.« (149.)

Dem Menschen ist die ‹Verkehrtheit› (149 i.f.) eigen, Abstraktionen zu ‹verselbständigen› – z. B. **Zeit** und **Raum** (150):

»Obgleich ... der Mensch Raum und Zeit von den räumlichen und zeitlichen Dingen abstrahiert hat, so setzt er ihnen doch dieselben als die ersten Gründe und Bedingungen ihrer Existenz voraus. Er denkt sich daher die Welt, d. h. den Inbegriff der wirklichen Dinge, den Stoff, den Inhalt der Welt *im* Raum und *in* der Zeit entstanden. Selbst Hegel noch läßt sogar die Materie nicht nur in, sondern aus Raum und Zeit entspringen ...« (150.) »Auch ist wirklich nicht einzusehen, warum nicht die Zeit, abgetrennt von den zeitlichen Dingen, mit Gott identifiziert werden sollte ...« (151.)

Zeit außerhalb der zeitlichen Dinge = Gott

»... in der Wirklichkeit gerade der umgekehrte Fall gilt, ... nicht die Dinge Raum und Zeit, sondern Raum und Zeit die Dinge voraussetzen, denn der Raum oder die Ausdehnung setzt etwas voraus, das sich ausdehnt, und die Zeit, die Bewegung – die Zeit ist ja nur ein von der Bewegung abgezogener Begriff – setzt etwas voraus, das sich bewegt. Alles ist räumlich und zeitlich ...« (151/152.) Zeit und Raum

»Die Frage, ob ein Gott die Welt geschaffen ... ist die Frage nach dem Verhältnis des Geistes zur Sinnlichkeit« (152) – eine der wichtigsten und schwierigsten Fragen der Philosophie, die ganze Geschichte der Philosophie dreht sich um diese Frage (153) – der Streit der Stoiker und Epikureer, der Platoniker und Aristoteliker, der Skeptiker und Dogmatiker in der alten Philosophie, der Nominalisten und Realisten im Mittelalter, der Idealisten und »Realisten oder Empiristen« (sic! 153) in neuerer Zeit. cf. Engels idem im »Ludwig Feuerbach« 153

Zum Teil hängt es auch vom Charakter der Menschen ab (Büchermenschen versus Praktiker), ob sie zu der einen oder zu der anderen Philosophie hinneigen. 153

»Ich leugne nicht ... die Weisheit, die Güte, die Schönheit; ich leugne nur, daß sie als diese Gattungsbegriffe Wesen sind, sei es nun als Götter oder Eigenschaften Gottes oder als Platonische Ideen oder als sich selbst setzende Hegelsche Begriffe ...« (158) – sie existieren nur als Eigenschaften von Menschen. (Materialismus) contra Theologie und Idealismus (in der **Theorie**)

Eine andere Ursache des Gottesglaubens: der Mensch überträgt die Vorstellung von seinem zweckmäßigen Schaffen auf die Natur. Die Natur ist zweckmäßig – ergo wurde sie von einem vernunftbegabten Wesen geschaffen (160).

»Was nämlich der Mensch die Zweckmäßigkeit der Natur nennt und als solche auffaßt, das ist in Wirklichkeit nichts andres als die Einheit der Welt, die Harmonie der Ursachen und Wirkungen, der Zusammenhang überhaupt, in dem alles in der Natur ist und wirkt.« (161.)

Wenn der Mensch mehr Sinne hätte, würde er mehr Dinge in der Welt entdecken? Nein.

»... haben wir auch keinen Grund zu der Einbildung, daß, wenn der Mensch mehr Sinne oder Organe hätte, er auch mehr Eigenschaften oder Dinge der Natur erkennen würde. Es ist nicht mehr in der Außenwelt, in der unorganischen Natur, als in der organischen. Der Mensch hat gerade soviel Sinne, als eben notwenig ist, um die Welt in ihrer Totalität, ihrer Ganzheit zu fassen.« (163.)

wichtig gegen den Agnostizismus[41]

168 – gegen Liebig wegen der Phrasen über die »unendliche Weisheit« (Gottes) ... Feuerbach und die Naturwissenschaft!! NB. Vgl. heute Mach und Co.[42]

174–175–178 – die Natur = Republikanerin; Gott = Monarch. Dies *mehr*mals bei Feuerbach!

188–190 – Gott war ein patriarchalischer Monarch, jetzt ist er ein konstitutioneller Monarch; er regiert, aber nach den Gesetzen.

Woher ist denn der *Geist?* fragen die Theisten den Atheisten (196). Sie machen sich von der Natur eine zu geringschätzige (‹despektierliche›: 196), vom Geist eine zu hohe Vor-

NB

stellung (‹zu hohe, zu vornehme (!!) Vorstellung›). (vgl. Dietzgen[43])

Unmittelbar aus der Natur ist auch ein ‹Regierungsrat› nicht erklärbar (197). geistreich!

»Der Geist entwickelt sich ja mit dem Leibe, mit den Sinnen ... er ist gebunden an die Sinne ... Woher der Schädel, woher das Hirn, daher ist auch der Geist; woher das Organ, daher auch die Verrichtung desselben.« (197.) (Vgl. weiter oben (197): »der Geist *im Kopf*«.)

»Auch die geistige Tätigkeit ist eine körperliche.« (197/198.) Id. Dietzgen[44]

Die Entstehung der körperlichen Welt aus dem Geiste, aus Gott führt zur Weltschöpfung aus Nichts – »denn woher nimmt der Geist die Materie, die körperlichen Stoffe, als aus Nichts?« (199.)

...»Die Natur ist körperlich, materiell, sinnlich...« (201.) die Natur ist materiell

Jakob Böhm = *»materialistischer Theist«*: er vergöttert nicht nur den Geist, sondern auch die Materie. Bei ihm ist Gott materiell – darin liegt sein Mystizismus (202).

...»Wo die Augen und Hände anfangen, da hören die Götter auf.« (203.)

(Die Theisten haben) »das Übel in der Natur ... der Materie oder der *unvermeidlichen Notwendigkeit der Natur* schuld gegeben« (212). Notwendigkeit der Natur

213 Mitte und *215* Mitte »natürliche« und »bürgerliche Welt«. ein Keim des historischen Materialismus[45]

(226): Feuerbach erklärt, daß er hier den ersten Teil schließt (über die Natur als

Grundlage der Religion) und zum zweiten Teil übergeht: in der ‹Geistesreligion› offenbaren sich die Eigenschaften des menschlichen Geistes.

(232) – »Die Religion ist Poesie« – so kann man sagen, denn Glaube = Phantasie. Aber hebe ich (Feuerbach) nicht die Poesie auf? Nein. Ich hebe die Religion »nur *insofern*« (hervorgehoben von Feuerbach) auf, »als sie *nicht* Poesie, als sie gemeine Prosa ist« (233).

NB

Die Kunst fordert nicht die Anerkennung ihrer Werke als *Wirklichkeit* (233).

Außer der Phantasie sind in der Religion sehr wichtig das ‹Gemüt› (261), die *praktische* Seite (258), die Suche nach Besserem, nach Schutz, nach Hilfe etc.

(263) – in der Religion sucht man *Trost* (der Atheismus, sagt man, sei ‹trostlos›). – – –

Notwendigkeit der Natur

»Nun ist es aber eine der Selbstliebe des Menschen zusagende Vorstellung, daß die Natur nicht mit unabänderlicher Notwendigkeit wirkt, sondern daß über der Notwendigkeit der Natur ein menschenliebendes ... Wesen steht.« (264.) *Auch im folgenden Satz* »Naturnotwendigkeit« beim Fall eines Steines (264).

NB

S. *287* Mitte: *zweimal* ebenfalls »Notwendigkeit der Natur«.

Religion = die Kindheitsperiode, die Kindheit der Menschheit (269), das Christentum hat aus der *Moral* einen Gott gemacht, hat einen *moralischen Gott* geschaffen (274).

Religion ist anfängliche Bildung – man kann

sagen: »die Bildung ist die wahre Religion« ... »Indes ist dies ... ein Mißbrauch der Worte, denn mit dem Worte: Religion verknüpfen sich immer abergläubische und inhumane Vorstellungen.« (275.)

Feuerbach gegen den Mißbrauch des Wortes Religion

Lobgesang auf die *Bildung* – (277).

»**Oberflächliche** Ansicht und Behauptung ..., daß die Religion für das Leben, namentlich das öffentliche, politische Leben ganz gleichgültig sei.« Ich gebe keinen Pfifferling für eine politische Freiheit, bei der der Mensch ein Sklave der Religion bleibt. (281.)

NB

Die Religion ist dem Menschen angeboren (»dieser Satz heißt in ... ehrliches Deutsch übersetzt«) = der Aberglaube ist dem Menschen angeboren (283).

»Der Christ hat eine freie Ursache der Natur, einen Herrn der Natur, dessen Willen, dessen Wort die Natur pariert, einen Gott, der nicht an den sogenannten Kausalnexus, an die Notwendigkeit, an die Kette gebunden ist, welche die Wirkung an Ursache und Ursache an Ursache knüpft, während der heidnische Gott an die Notwendigkeit der Natur gebunden ist, selbst seine Lieblinge nicht von dem Los der Notwendigkeit zu sterben erlösen kann.« (Feuerbach sagt also immer wieder: ‹Notwendigkeit *der* Natur›.)

Notwendigkeit der Natur

»Der Christ hat aber eine freie Ursache, weil er sich in seinen Wünschen nicht an den Zusammenhang, nicht an die Notwendigkeit der Natur bindet.« (301.) ((Und **noch** *dreimal* auf *dieser* Seite: ‹Notwendigkeit *der* Natur›.))

Und S. 302: »... all die **Gesetze oder Naturnotwendigkeiten**, denen die menschliche Existenz unterworfen ist ...«

NB

NB

NB — cf. 307: »Lauf der Natur«.

»Die Natur von Gott abhängig machen, heißt die Weltordnung, heißt die Notwendigkeit der Natur vom Willen abhängig machen.« (312.) Und S. 313 (oben) — »Naturnotwendigkeit«!!

320: »Notwendigkeit der Natur«...

was ist das *Objektive?* (nach Feuerbach)

An den religiösen Vorstellungen »haben wir ... Beispiele, wie überhaupt der Mensch das Subjektive in Objektives verwandelt, d. h. das, was nur in ihm, nur in seinem Denken, Vorstellen, Einbilden existiert, zu etwas **außer** dem **Denken, Vorstellen, Einbilden** Existierenden macht« (328) ...

‹Entleibter Geist› = Gott

»So reißen die Christen den Geist, die Seele dem Menschen aus dem Leibe heraus und machen diesen herausgerissenen, entleibten Geist zu ihrem Gotte.« (332.)

Die Religion gibt dem Menschen ein Ideal (332). Der Mensch braucht ein Ideal, aber ein menschliches, der Natur entsprechendes und kein übernatürliches Ideal:

»Unser Ideal sei kein kastriertes, entleibtes, abgezogenes Wesen, unser Ideal sei der ganze, wirkliche, allseitige, vollkommene, ausgebildete Mensch.« (334.)

Das *Ideal* **Michailowskis** ist nur ein vulgarisierter Abklatsch dieses Ideals der fortschrittlichen bürgerlichen Demokratie oder der revolutionären bürgerlichen Demokratie.

»Der Mensch hat keine Vorstellung, keine Ahnung von einer anderen Wirklichkeit, einer anderen Existenz, als seiner sinnlichen, physischen ...« (334.)

‹sinnlich, physisch› ausgezeichnete Gleichsetzung!

»Schämt man sich nicht, die Welt, die sinnliche, körperliche, durch den Gedanken und Willen eines Geistes entstehen zu lassen, schämt man sich nicht, zu behaupten, daß die Dinge nicht deswegen gedacht werden, weil sie sind, sondern deswegen sind, weil sie gedacht werden; so schäme man sich auch nicht, dieselben durch das Wort entspringen zu lassen, so schäme man sich auch nicht, zu behaupten, daß nicht die Worte sind, weil die Dinge sind, sondern die Dinge nur der Worte wegen sind.« (341/342.)

NB

Ein Gott ohne die Unsterblichkeit der menschlichen Seele ist nur dem Namen nach ein Gott:

...»Ein solcher Gott ist ... der Gott mancher rationalistischer Naturforscher, welcher nichts andres ist als die personifizierte Natur oder Naturnotwendigkeit, das Universum, das Weltall, womit sich freilich nicht die Vorstellung der Unsterblichkeit verträgt.« 349.

Die letzte (30.) Vorlesung, S. 358–370, kann fast ganz als typisches Muster eines aufklärerischen Atheismus angeführt werden, mit einem Anflug von Sozialistischem (über die Masse der Notleidenden etc., S. 365 Mitte) usw. Schlußworte: Meine Aufgabe war es, Sie, meine Zuhörer,

»aus Gottesfreunden zu Menschenfreunden, aus Gläubigen zu Denkern, aus Betern zu Arbeitern, aus Kandidaten des Jenseits zu Studenten des Diesseits, aus Christen, welche ihrem eigenen Bekenntnis und Geständnis zufolge *›halb Tier, halb Engel‹* sind, zu *Menschen*, zu *ganzen* Menschen zu machen« (370 Schluß).

Hervorhebungen von Feuerbach

Weiter folgen *Zusätze und Anmerkungen* (371–463).

Hier viele Einzelheiten, Zitate, die Wiederholungen enthalten. Das übergehe ich alles und vermerke nur das Wichtigste von dem, was irgendwie von Interesse ist: die Grundlage der Moral ist der Egoismus (392) (»die Lebensliebe, das Interesse, der Egoismus«) ... »Es gibt nicht nur einen singulären oder individuellen, sondern auch einen sozialen Egoismus, einen Familienegoismus, einen Korporationsegoismus, einen Gemeindeegoismus, einen patriotischen Egoismus.« (393.)

ein Ansatz des historischen Materialismus!

... »Das Gute ist nichts andres, als was dem Egoismus aller Menschen entspricht ...« (397.)

»Man werfe doch nur einen Blick in die Geschichte! Wo beginnt in der Geschichte eine neue Epoche? Überall nur da, wo gegen den exklusiven Egoismus einer Nation oder Kaste eine unterdrückte Masse oder Mehrheit ihren wohlberechtigten Egoismus geltend macht, wo Menschenklassen (sic!) oder ganze Nationen aus dem verächtlichen Dunkel des Proletariats durch den Sieg über den anmaßenden Dünkel einer patrizischen Minorität ans Licht der geschichtlichen Zelebrität hervortreten. So soll und wird auch der Egoismus der jetzt unterdrückten Mehrheit der Menschheit zu seinem Recht kommen und eine neue Geschichtsepoche begründen. Nicht der Adel der

NB NB ein Ansatz des historischen Materialismus, vgl. Tschernyschewsky[46]

NB Feuerbachs »Sozialismus«

Bildung, des Geistes soll aufgehoben werden; o nein! nur nicht einige sollen Adel, alle andern Plebs sein, sondern alle sollen – *sollen* wenigstens – gebildet werden; nicht das Eigentum soll aufgehoben werden, o nein! nur nicht einige sollen Eigentum, alle andern aber nichts, sondern alle sollen Eigentum haben.« (398.)

Diese Vorlesungen wurden vom 1. XII. 48 bis 2. III. 49 gehalten (Vorwort, S. V), während das Vorwort zu dem Buch vom 1. I. 51 datiert ist. Wie sehr ist Feuerbach *schon* zu *dieser Zeit* (1848–1851) hinter *Marx* (Kommunistisches Manifest 1847, Neue Rheinische Zeitung etc.) und *Engels* (1845: Lage) *zurückgeblieben.*

Beispiele aus den Klassikern über den unterschiedslosen Gebrauch der Worte *Götter* und *Natur* (398/399).

S. 402–411 – eine *ausgezeichnete, philosophische* (und zugleich einfache und klare) Erläuterung des Wesens der Religion.

»Das Geheimnis der Religion ist zuletzt nur das Geheimnis der Verbindung des Bewußtseins mit dem Bewußtlosen, des Willens mit dem Unwillkürlichen in einem und demselben Wesen.« (402.) *Ich* und *Nichtich* im Menschen unlösbar verbunden. »Der Mensch begreift und erträgt seine eigene Tiefe nicht und zerspaltet daher sein Wesen in ein Ich ohne Nichtich, welches er Gott, und ein Nichtich ohne Ich, welches er Natur nennt.« (406.)

NB

NB

S. 408 – ein ausgezeichnetes Zitat aus Seneca (gegen die Atheisten), daß sie die Natur zu Gott machen. Bete! – Arbeite! (S. 411.)[47]

Die Natur ist in der Religion Gott, aber die Natur als ‹Gedankenwesen›. »**Das Geheimnis der Religion ist ›die Identität des Subjektiven und Objektiven**‹, d. h. die Einheit des Menschen- und Naturwesens, aber im Unterschied von dem wirklichen Wesen der Natur und Menschheit.« (411.)

NB

»Bodenlos ist die menschliche Unwissenheit und grenzenlos die menschliche Einbildungskraft; die Naturmacht, durch die Unwissenheit ihres Bodens, durch die Phantasie ihrer Schranken beraubt, ist die göttliche Allmacht.« (414.)

‹Sehr gut!›

... »Das objektive Wesen als subjektives, das Wesen der Natur als von der Natur unterschiedenes, als menschliches Wesen, das Wesen des Menschen als vom Menschen unterschiedenes, als nicht menschliches Wesen – das ist das göttliche Wesen, das das Wesen der Religion, das das Geheimnis der Mystik und Spekulation ...« (415.)

‹Sehr gut!›

ausgezeichnete Stelle!

Spekulation bei Feuerbach = idealistische Philosophie NB.

»Der Mensch trennt im Denken das Adjektiv vom Substantiv, die Eigenschaft vom Wesen ... Und der metaphysische Gott ist nichts als das Kompendium, der Inbegriff der allgemeinsten, von der Natur exzerpierten Eigenschaften, welchen aber der Mensch, und zwar eben in dieser Abtrennung von dem sinnlichen Wesen, der Materie der Natur, vermittelst der Ein-

NB zutiefst wahr! NB

bildungskraft wieder in ein selbständiges Subjekt oder Wesen verwandelt.« (417.)

Dieselbe Rolle spielt die *Logik* (*418* – offensichtlich ist Hegel gemeint) – die ‹*das* Sein, *das* Wesen› in eine besondere Realität verwandelt – »wie töricht ist es, die metaphysische Existenz zu einer physischen, die subjektive Existenz zu einer objektiven, die logische oder abstrakte Existenz wieder zu einer unlogischen, wirklichen Existenz machen zu wollen!« (418.)

Ausgezeichnet (gegen Hegel und den Idealismus)

... »›Also ist ein ewiger Riß und Widerspruch zwischen Sein und Denken?‹ Allerdings im Kopfe; aber in der Wirklichkeit ist er längst gelöst, freilich nur auf die der Wirklichkeit, nicht deinen Schulbegriffen entsprechende Weise, und zwar gelöst durch nicht weniger als fünf Sinne.« (418.)

großartig gesagt!

428: Tout ce qui n'est pas Dieu, n'est rien, d. h. tout ce qui n'est pas Moi, n'est rien.[1]

bien dit![2]

431–435: Gutes Zitat aus Gassendi.[48] Eine sehr gute Stelle: besonders *433 Gott* = eine Sammlung von Adjektiven (ohne Materie) über Konkretes und Abstraktes.

NB

435 – »Der Kopf ist das Repräsentantenhaus des Weltalls« – und wenn wir den Kopf voll von Abstraktionen, ‹Gattungsbegriffen› haben, so leiten wir natürlich »das Einzelne vom Allgemeinen, d. h. ... die Natur von Gott« ab.

NB

das Einzelne und das Allgemeine = Natur und Gott

436/437: (Anm. Nr. 16.) Ich bin nicht gegen die konstitutionelle Monarchie, jedoch die *demokratische Republik* ist die Staatsform, welche »unmittelbar der Vernunft

haha!!

[1] Alles, was nicht Gott ist, ist nichts, d. h. alles, was nicht Ich ist, ist nichts.

[2] gut gesagt!

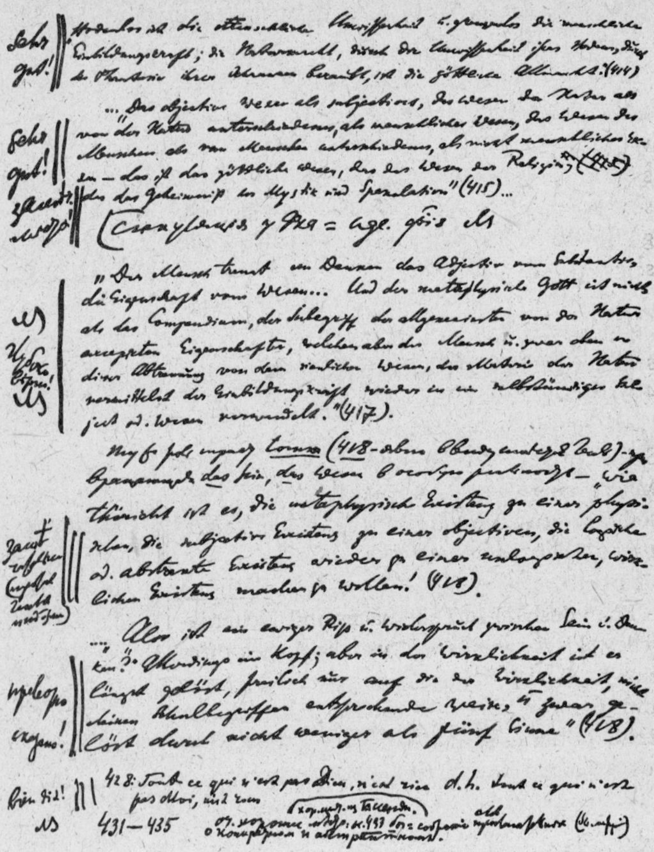

Eine Manuskriptseite des Konspekts
zu Feuerbachs »Vorlesungen über das Wesen der Religion«

als die dem Menschenwesen gemäße« Staatsform einleuchtet.

...»Die geistreiche Schreibart besteht unter anderem darin, daß sie Geist auch in dem Leser voraussetzt, daß sie nicht alles ausspricht, daß sie die Beziehungen, Bedingungen und Einschränkungen, unter welchen allein ein Satz gültig ist und gedacht wird, den Leser sich selbst sagen läßt.« (447.)

treffend!

Interessant die Antwort (Feuerbachs) an seinen Kritiker Professor *v. Schaden* (448/449) und *Schaller* (449–450–463).

»...ich doch ausdrücklich an die Stelle des Seins die Natur, an die Stelle des Denkens den Menschen setze«, d. h. nicht eine Abstraktion, sondern etwas Konkretes — — — ‹die *dramatische* Psychologie› (449).

NB »Sein und Natur«, »Denken und Mensch«

Eben deshalb ist Feuerbachs und Tschernyschewskis Terminus »anthropologisches Prinzip« in der Philosophie *eng.*[49] Sowohl das anthropologische Prinzip als auch der Naturalismus sind nur ungenaue, schwache Umschreibungen des *Materialismus.*

»Der Jesuitismus – das unbewußte Original und Ideal unserer spekulativen Philosophen« (455).

bien dit!

»Das Denken setzt das Diskrete der Wirklichkeit als ein Kontinuum, das unendliche Vielmal des Lebens als ein identisches Einmal. Die Erkenntnis der wesentlichen, unauslöschlichen Differenz zwischen dem Denken und dem Leben (oder der Wirklichkeit) ist der An-

zur Frage der Grundlagen des philosophischen Materialismus

fang aller Weisheit im Denken und Leben. Nur die Unterscheidung ist hier die wahre Verbindung.« (458.)

Ende des 8. Bandes.

Bd. 9 = *»Theogonie«* (1857)[50]. Scheint nach flüchtiger Durchsicht nichts Interessantes zu enthalten. Übrigens, § 34 (S. 320 ff.), 36 (S. 334) muß man lesen. NB § *36* (S. 334) – die Durchsicht ergibt *nichts* Interessantes. Zitate über Zitate zur Bestätigung des von Feuerbach schon früher Gesagten.

Geschrieben nicht vor 1909.
Zum erstenmal veröffentlicht 1930
im Lenin-Sammelband XII.
Werke, Bd. 38, S. 41–62.

Aus: Zur Frage der Dialektik[51]

... Der philosophische Idealismus ist *nur* Unsinn vom Standpunkt des groben, einfachen, metaphysischen Materialismus. Dagegen ist der philosophische Idealismus vom Standpunkt des *dialektischen* Materialismus eine *einseitige,* übertriebene, ‹überschwengliche› (Dietzgen)[52] Entwicklung (Aufbauschen, Aufblähen) eines der Züge, einer der Seiten, der Grenzen der Erkenntnis zu einem von der Materie, von der Natur *losgelösten,* vergotteten Absolutum. Idealismus ist Pfaffentum. Richtig. Doch ist der philosophische Idealismus (»*richtiger*« und »*außerdem*«) ein *Weg* zum Pfaffentum *über* ***eine der Schattierungen*** der unendlich komplizierten (dialektischen) menschlichen *Erkenntnis.*

NB diesen Aphorismus

Die menschliche Erkenntnis ist nicht (resp. beschreibt nicht) eine gerade Linie, sondern eine Kurve, die sich einer Reihe von Kreisen, einer Spirale unendlich nähert. Jedes Bruchstück, Teilchen, Stückchen dieser Kurve kann verwandelt (einseitig verwandelt) werden in eine selbständige, ganze, gerade Linie, die (wenn man vor lauter Bäumen den Wald nicht sieht) dann in den Sumpf, zum Pfaffentum führt (wo sie durch das Klasseninteresse der herrschenden Klassen *verankert* wird). Geradlinigkeit und Einseitigkeit, Erstarrung und Verknöcherung, Subjektivismus und subjektive Blindheit, voilà die erkenntnistheoretischen Wurzeln des Idealismus. Und das Pfaffentum (= philosophischer Idealismus) besitzt natürlich *erkenntnistheoretische* Wurzeln, ist nicht ohne Boden, es ist zwar unstreitig eine *taube Blüte,* aber eine taube Blüte, die wächst am lebendigen Baum der lebendigen, fruchtbaren, wahren, machtvollen, allgewaltigen, objektiven, absoluten menschlichen Erkenntnis.

Geschrieben 1915.
Zum erstenmal veröffentlicht 1925 in der Zeitschrift »Bolschewik« Nr. 5/6.
Werke, Bd. 38, S. 344.

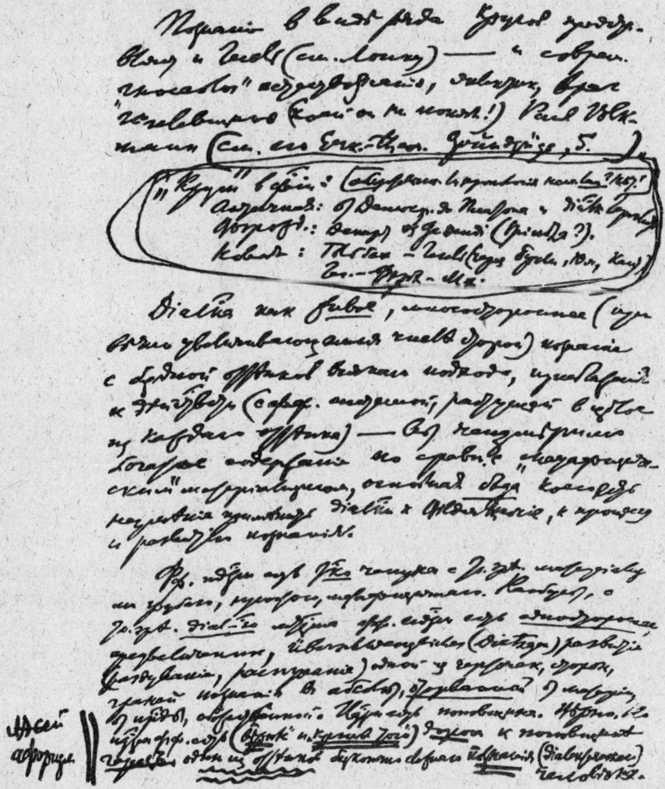

Eine Seite des Manuskripts
»Zur Frage der Dialektik«

Register

Anmerkungen

1 Das Buch *»Materialismus und Empiriokritizismus. Kritische Bemerkungen über eine reaktionäre Philosophie«* schrieb Lenin 1908 in Genf und London. Es erschien im Mai 1909 in Moskau als legale Veröffentlichung; als Verfassernamen hatte Lenin das Pseudonym Wl. Iljin gewählt. Den unmittelbaren Anlaß für sein Buch bildeten mehrere 1908 erschienene Publikationen russischer Machisten, besonders der Sammelband »Beiträge zur Philosophie des Marxismus« mit Artikeln von Basarow, Bogdanow, Lunatscharski, Berman, Gelfond, Juschkewitsch und Suworow, die den dialektischen Materialismus einer Revision unterziehen wollten. 7

2 Siehe MEW, Bd. 27, S. 419–421. Die Datierung beruht auf einem Irrtum; Marx schrieb den Brief am 3. Oktober 1843. 23

3 Siehe MEW, Bd. 23, S. 27/28. 23

4 MEW, Bd. 33, S. 162. 23

5 Siehe Friedrich Engels: Einleitung [zur englischen Ausgabe (1892) der »Entwicklung des Sozialismus von der Utopie zur Wissenschaft«] (MEW, Bd. 22, S. 295–298). 23

6 Lenin meint Engels' Schriften »Herrn Eugen Dührings Umwälzung der Wissenschaft (›Anti-Dühring‹)« (MEW, Bd. 20, S. 1 bis 303), »Ludwig Feuerbach und der Ausgang der klassischen deutschen Philosophie« (MEW, Bd. 21, S. 259–307) sowie die »Einleitung [zur englischen Ausgabe der ›Entwicklung des Sozialismus ...‹]« (MEW, Bd. 22, S. 287–311). 24

7 Die *Wendung zu Hegel* war in der zweiten Hälfte des 19. Jahrhunderts charakteristisch für die Entwicklung der bürgerlichen Philosophie in einer Reihe europäischer Länder und den USA. 25

8 Siehe MEW, Bd. 21, S. 276. 25

9 Diesen Artikel veröffentlichte Lenin im März 1913 anläßlich des 30. Todestages von Karl Marx in der Monatsschrift der Bolschewiki »Prosweschtschenije« (Die Aufklärung), die seit Dezember 1911 legal, also der zaristischen Zensur unterworfen, in Petersburg erschien. Er hatte ihn in Krakau, wo er damals lebte, verfaßt. 35

10 Siehe MEW, Bd. 21, S. 259–307. 35

11 Siehe MEW, Bd. 20, S. 1–303. 35

12 Siehe MEW, Bd. 4, S. 459–493. 35

13 Siehe Friedrich Engels: Flüchtlingsliteratur. II, Programm der blanquistischen Kommuneflüchtlinge (MEW, Bd. 18, S. 532). 43

14 *Balalaikin* – Gestalt aus Saltykow-Schtschedrins »Eine zeitgenössische Idylle«; liberaler Phrasendrescher, Lügner und Abenteurer. 45

15 Siehe Karl Marx: Zur Kritik der Hegelschen Rechtsphilosophie. Einleitung (MEW, Bd. 1, S. 378). 54

16 Siehe MEW, Bd. 18, S. 528–535. 54

17 Siehe Friedrich Engels: Anti-Dühring (MEW, Bd. 20, S. 294/295). 55

18 Siehe Friedrich Engels: Einleitung zu »Der Bürgerkrieg in Frankreich« von Karl Marx (MEW, Bd. 17, S. 620). 56

19 *Enzyklopädisten* – eine Gruppe französischer Aufklärer des 18. Jahrhunderts – Philosophen, Naturforscher, Publizisten –, die gemeinsam die »Encyclopédie ou Dictionnaire raisonné des sciences, des arts et des métiers« (Enzyklopädie der Wissenschaften, Künste und Gewerbe) (1751–1780) herausgaben. Ihr Organisator und Leiter war Diderot, seine Mitarbeiter d'Alembert, Holbach, Helvétius, Voltaire und Rousseau. Die Enzyklopädisten waren Ideologen der revolutionären Bourgeoisie und spielten eine entscheidende Rolle bei der ideologischen Vorbereitung der bürgerlichen Revolution Ende des 18. Jahrhunderts in Frankreich. Friedrich Engels schrieb dazu in seiner »Einleitung [zur englischen Ausgabe (1892) der ›Entwicklung des Sozialismus...‹]« (MEW, Bd. 22, S. 303): »Die französischen Materialisten beschränkten ihre Kritik nicht auf bloß religiöse Dinge; sie kritisierten jede wissenschaftliche Überlieferung, jede politische Institution ihrer Zeit; um die allgemeine Anwendbarkeit ihrer Theorie nachzuweisen, nahmen sie den kürzesten Weg: Sie wandten sie kühnlich an auf alle Gegenstände des Wissens in dem Riesenwerk, nach dem sie benannt wurden, in der ›Encyclopédie‹. So wurde denn der Materialismus in dieser oder jener Form – als erklärter Materialismus oder als Deismus – die Weltanschauung der gesamten gebildeten Jugend Frankreichs.« 56

20 *»Wechi«* (Marksteine) – Sammelband der Kadetten; erschien 1909 in Moskau mit Artikeln von Berdjajew, Bulgakow, Struve, Gerschenson und anderen Vertretern der konterrevolutionären liberalen Bourgeoisie. In ihren Artikeln über die russische Intelligenz versuchten die »Wechi«-Leute, die revolutionär-demokratischen Traditionen der besten Vertreter des russischen Volkes, darunter

Belinskis und Tschernyschewskis, zu verunglimpfen; sie zogen die revolutionäre Bewegung von 1905 in den Schmutz und sprachen der zaristischen Regierung den Dank dafür aus, daß sie die Bourgeoisie »mit ihren Bajonetten und Gefängnissen« »vor der Volkswut« gerettet habe. Der Sammelband appellierte an die Intelligenz, sich in den Dienst der Selbstherrschaft zu stellen. Lenin verglich das Programm der »Wechi« sowohl in der Philosophie als auch in der Publizistik mit dem Programm der Schwarzhunderterzeitung »Moskowskije Wedomosti« (Moskauer Nachrichten) und bezeichnete den Sammelband als eine *»Enzyklopädie des liberalen Renegatentums«* und als eine »einzige Flut reaktionären Spülichts, das über die Demokratie ausgegossen wird«. 63

21 Der *Staatsstreich vom 3. (16.) Juni 1907* war ein reaktionärer Umsturz, der in der gewaltsamen Auflösung der II. Reichsduma durch die Regierung und in der Abänderung des Wahlgesetzes für die Dumawahlen Ausdruck fand. Durch das neue Wahlgesetz wurde die Zahl der Vertreter der Gutsbesitzer und der Handels- und Industriebourgeoisie in der Duma um ein vielfaches erhöht, während die ohnehin geringe Zahl von Vertretern der Bauern und der Arbeiter stark verringert wurde. Das Gesetz beraubte den größten Teil der Bevölkerung des asiatischen Teils von Rußland des Wahlrechts und verkleinerte die Vertretung der Bevölkerung Polens und des Kaukasus um die Hälfte. Die nach diesem Gesetz gewählte III. Duma, die im November 1907 zusammentrat, war ihrer Zusammensetzung nach eine Duma der Schwarzhunderter und der Kadetten.

Der Staatsstreich leitete die Periode der Stolypinschen Reaktion ein, die unter der Bezeichnung »Regime des dritten Juni« bekannt wurde. 68

22 *Oberprokuror* – in der russisch-orthodoxen Kirche (von 1721 bis 1917) der weltliche Vorsitzende des Heiligen Synod. 73

23 *Parochie* – unterster kirchlicher Verwaltungsbezirk (vgl. Pfarrei). 73

24 *Dershimorda* – Polizist in Gogols »Revisor«; zu deutsch: Halt die Schnauze. 75

25 Gemeint ist der in der Presse erschienene Protest Gorkis gegen die Inszenierung von Dostojewskis Roman »Die Dämonen« im Moskauer Künstlertheater. 86

26 *Purischkewitsch, Wladimir Mitrofanowitsch* – reaktionärer Großgrundbesitzer, Schwarzhunderter und Monarchist. Abge-

ordneter der II., III. und IV. Reichsduma, der durch seine Pogromhetze und seine antisemitischen Reden in der Duma weithin berüchtigt war. 91

27 Der *I. Gesamtrussische Arbeiterinnenkongreß,* durch das ZK der KPR(B) einberufen, fand vom 16. bis 21. November 1918 in Moskau statt. An ihm nahmen 1147 Frauen teil, die von den Industriebetrieben und aus der armen Bauernschaft delegiert worden waren. 94

28 Unter dem Titel *»Entwurf des Programms der KPR(B)«* sind zusammengefaßt: die »Erste Skizze eines Programmentwurfs der KPR(B)« sowie einzelne Abschnitte und Punkte dieses Entwurfs mit Lenins Abänderungen. Die von Lenin vorgelegten Materialien bildeten die Grundlage des vom VIII. Parteitag der KPR(B) angenommenen Parteiprogramms. 97

29 Die Aufnahme der Reden Lenins auf Schallplatten war von der Zentralen Agentur des Gesamtrussischen Zentralexekutivkomitees zur Beschaffung und Verbreitung von Presseerzeugnissen organisiert worden. Von 1919 bis 1921 wurden 13 Reden Lenins aufgenommen. 98

30 Der *III. Gesamtrussische Kongreß des Kommunistischen Jugendverbandes Rußlands* fand vom 2. bis 10. Oktober 1920 in Moskau statt. Daran nahmen rund 600 Delegierte teil. Lenin sprach am Abend des ersten Sitzungstages. 100

31 Siehe Friedrich Engels: Flüchtlingsliteratur. II, Programm der blanquistischen Kommuneflüchtlinge (MEW, Bd. 18, S. 532). 110

32 Den *Konspekt zu Feuerbachs »Vorlesungen über das Wesen der Religion«,* 1851, schrieb Lenin auf einzelne, zu einem Heft gefaltete Blätter; auf der ersten Seite ist die Signatur der Pariser Nationalbibliothek vermerkt. Genaue Angaben darüber, wann der Konspekt abgefaßt wurde, liegen nicht vor. Lenin hat von Januar bis Juni 1909 in der Nationalbibliothek gearbeitet, doch er lebte bis Juni 1912 in Paris und kam im Januar 1914 zum letztenmal dorthin, so daß der Konspekt auch nach 1909 entstanden sein könnte. 121

33 Die *»Vorlesungen über das Wesen der Religion«,* denen die Arbeit »Das Wesen der Religion«, 1845, zugrunde liegt, hielt Feuerbach 1848/49 im Heidelberger Rathaus, da ihm die Leitung der Universität Veranstaltungen in der Universität untersagt hatte. 121

34 Gemeint sind Feuerbachs Schriften »Geschichte der neuern Philosophie von Bacon von Verulam bis Benedict Spinoza«, 1833, sowie »Darstellung, Entwicklung und Kritik der Leibnizschen

Philosophie«, 1837; Lenins Konspekt zur letztgenannten Schrift siehe Werke, Bd. 38, S. 63–76. 122

35 Gemeint sind Feuerbachs Schriften »Gedanken über Tod und Unsterblichkeit«, 1830, »Abälard und Heloise, oder der Schriftsteller und der Mensch«, 1834, und »Die Unsterblichkeitsfrage vom Standpunkt der Anthropologie«, 1846. 122

36 *»Das Wesen des Christentums«* – philosophisches Hauptwerk Feuerbachs; die erste Auflage erschien 1841 in Leipzig. Das Buch, das »den Materialismus ... wieder auf den Thron erhob« (Engels), hatte gewaltigen Einfluß auf die ideologische Entwicklung der fortschrittlichen Intelligenz in Deutschland und anderen Ländern, darunter in Rußland. 122

37 Lenin vergleicht hier Feuerbachs Definition der Grundfrage der Philosophie mit der von Marx und Engels. Weiter unten (siehe den vorl. Band, S. 125/126 und 128/129) bezieht er sich direkt auf die bekannte Formulierung der Grundfrage der Philosophie in Engels' »Ludwig Feuerbach ...« (siehe MEW, Bd. 21, S. 274–276). 123

38 Lenin meint Feuerbachs Ausspruch: »Ich verstehe unter Egoismus die Liebe des Menschen *zu sich selbst*, d. h. die Liebe zum *menschlichen Wesen, die* Liebe, welche der Anstoß zur Befriedigung und Ausbildung aller der Triebe und Anlagen ist, ohne deren Befriedigung und Ausbildung er kein wahrer und vollendeter Mensch ist und sein kann ...« (Ludwig Feuerbach, Sämtliche Werke, Bd. 8, Leipzig 1851, S. 64). 123

39 Davon heißt es dort: »So vergöttert jeder Sinn nur sich selbst. Kurz, die Wahrheit der Naturreligion stützt sich nur auf die Wahrheit der Sinnlichkeit« (Sämtliche Werke, Bd. 8, Leipzig 1851, S. 113). Die Gedanken von der Sinnlichkeit als Grundlage einer Vergötterung der Naturerscheinungen sind bereits in der Arbeit »Grundsätze der Philosophie der Zukunft«, 1843, enthalten und fanden ihre volle Entwicklung in dem Werk »Das Wesen der Religion«, 1846. 125

40 Lenin meint die Definition der Grundfrage der Philosophie in Engels' »Ludwig Feuerbach ...« (siehe MEW, Bd. 21, S. 274–276). 125

41 Der Terminus *»Agnostizismus«* wurde 1869 von dem englischen Naturforscher Huxley eingeführt. In dem Artikel »Zum 25. Todestag Josef Dietzgens« (1913) erklärt Lenin seine Bedeutung folgendermaßen: »Der Agnostizismus (von dem griechischen ›a‹ – *nicht* und ›gnosis‹ – *Wissen*) ist das Schwanken zwischen Materialismus und Idealismus, d. h. in der Praxis das Schwanken

zwischen der materialistischen Wissenschaft und dem Pfaffentum. Zu den Agnostikern gehören die Anhänger Kants (Kantianer), Humes (Positivisten, Realisten u. a.) und die modernen ›Machisten‹« (Werke, Bd. 19, S. 63). 130

42 Lenin vergleicht hier das Verhältnis des Materialisten Feuerbach und des subjektiven Idealisten Mach zur Naturwissenschaft. Das Verhältnis der Machschen Philosophie zur Naturwissenschaft untersucht er in seinem Werk »Materialismus und Empiriokritizismus« (Werke, Bd. 14). 130

43 Dietzgen entwickelte ähnliche Gedanken. So schrieb er in seinem Buch »Das Wesen der menschlichen Kopfarbeit«, Abschnitt »Geist und Materie«: »Man ist namentlich seit christlicher Zeit daran gewohnt, von materiellen, sinnlichen, fleischlichen Dingen, die Rost und Motten fressen, verächtliche Reden zu führen« (siehe Schriften in drei Bänden, Bd. I, Berlin 1961, S. 92). 131

44 Lenin vergleicht die These Feuerbachs, auch die geistige Tätigkeit sei eine körperliche, mit ähnlichen Gedanken, die Dietzgen in verschiedenen Arbeiten äußerte. Dietzgen, der sich gegen die idealistische Trennung des Denkens von seinem materiellen Substrat, dem Gehirn, wandte, unternahm den Versuch, den Begriff Materie »weiter zu fassen«, in dem er auch das Denken in den Materiebegriff einbezog. Marx hatte bereits auf eine »gewisse Konfusion« der Begriffe bei Dietzgen hingewiesen, nachdem er dessen Buch »Das Wesen der menschlichen Kopfarbeit« im Manuskript gelesen hatte (siehe Marx an Kugelmann, 5. Dezember 1868 [MEW, Bd. 32, S. 579]). Auch Lenin vermerkt die ungerechtfertigte Vermengung der wichtigsten philosophischen Kategorien in Dietzgens Buch »Kleinere philosophische Schriften« (siehe Werke, Bd. 38, S. 404/405, 407, 410 u. a.). In »Materialismus und Empiriokritizismus« weist Lenin die Fehlerhaftigkeit des Versuchs nach, den Begriff der Materie »weiterzufassen« (Werke, Bd. 14, S. 242–248). »Richtig ist, daß sowohl das Denken als auch die Materie ›wirklich‹ sind, d. h. existieren«, schreibt er. »Das Denken aber als materiell bezeichnen heißt einen falschen Schritt tun zur Vermengung von Materialismus und Idealismus. Im Grunde ist es eher eine Ungenauigkeit des Ausdrucks bei Dietzgen . . .« (ebenda, S. 242). 131

45 Die »Keime« und »Ansätze« des historischen Materialismus, auf die Lenin hier und weiter unten (siehe den vorl. Band, S. 136) hinweist, fanden in der Philosophie Feuerbachs keine weitere

Entwicklung. In der Auffassung vom gesellschaftlichen Leben blieb Feuerbach, wie Engels feststellte, »in den überkommnen idealistischen Banden befangen, und dies erkennt er an mit den Worten: ›Rückwärts stimme ich den Materialisten bei, aber nicht vorwärts‹« (Friedrich Engels: Ludwig Feuerbach... [MEW, Bd. 21, S. 281]). 131

46 Von Keimen und Ansätzen des historischen Materialismus bei Tschernyschewski ist auch in Plechanows Buch »N. G. Tschernyschewski« die Rede; beim Lesen dieses Buches vermerkte Lenin die entsprechenden Stellen (siehe Werke, Bd. 38, z. B. S. 599/600, 612). 136

47 Gemeint sind Feuerbachs Worte, daß »die Gottheit sozusagen aus zwei Bestandteilen besteht, wovon der eine der Phantasie des Menschen, der andere der Natur angehört. Bete! sagt der eine Teil, der von der Natur unterschiedene Gott; Arbeite! sagt der andere Teil, der nicht von der Natur unterschiedene, der nur ihr Wesen ausdrückende Gott; denn die Natur ist eine Arbeitsbiene, die Götter sind aber Drohnen« (Ludwig Feuerbach, Sämtliche Werke, Bd. 8, Leipzig 1851, S. 411). 138

48 Gemeint ist eine Stelle aus Gassendis »Exercitationes paradoxicae adversus Aristoteleos« (Paradoxe Übungen gegen die Aristoteliker), 1624 (siehe Ludwig Feuerbach, Sämtliche Werke, Bd. 8, Leipzig 1851, S. 433). 139

49 *Anthropologisches Prinzip* – Hauptthese der Philosophie Feuerbachs, nach der der Mensch als ein Teil der Natur, als ein natürliches, biologisches Wesen betrachtet wird. Dieses Prinzip richtete sich gegen Religion und Idealismus. Da es den Menschen jedoch losgelöst von den konkret-historischen gesellschaftlichen Verhältnissen betrachtet, zeigt es nicht die wirkliche soziale Natur des Menschen und führt zu einer idealistischen Auffassung von den Gesetzen der historischen Entwicklung. Tschernyschewski ging in seinem Kampf gegen den Idealismus ebenfalls von diesem Prinzip aus und widmete ihm eine spezielle Arbeit unter dem Titel »Das anthropologische Prinzip in der Philosophie« (siehe N. G. Tschernyschewski, Ausgewählte Philosophische Schriften, Moskau 1953, S. 63–174). 141

50 In dem Werk »Theogonie nach den Quellen des klassischen, hebräischen und christlichen Altertums«, 1857, untersuchte Feuerbach die Entstehung der Gottesideen. Die von Lenin erwähnten Kapitel 34 und 36 sind überschrieben: »Die ›christliche‹

Naturwissenschaft« und »Die theoretische Grundlage des Theismus«. 142

51 Das Fragment *»Zur Frage der Dialektik«* hat den Charakter einer Verallgemeinerung der Arbeit Lenins an philosophischen Problemen in den Jahren 1914/1915. In diesem Fragment analysiert er u. a. das dialektische Gesetz von der Einheit und dem Kampf der Gegensätze, zeigt er den dialektischen Charakter des Erkenntnisprozesses sowie die erkenntnistheoretischen und klassenmäßigen Wurzeln des Idealismus. 143

52 *»Überschwenglich«* – ein Terminus, den Dietzgen zur Charakterisierung des Verhältnisses zwischen absoluter und relativer Wahrheit, Materie und Geist usw. benutzte (siehe z. B. Werke, Bd. 38, S. 458/459, 462/463). Lenin gebraucht diesen Terminus in einigen Arbeiten bei der Darlegung der materialistischen Auffassung von der Dialektik der Begriffe. 143

Politische Organisationen und Strömungen

Anarchismus (Anarchisten) – kleinbürgerliche pseudorevolutionäre politische und ideologische Strömung, die jede staatliche und politische Organisation prinzipiell ablehnt. Aus seiner Mißachtung des politischen Kampfes der Arbeiterklasse um die Staatsmacht folgten seine feindliche Haltung gegenüber der marxistisch-leninistischen Partei der Arbeiterklasse und seine Ablehnung der Diktatur des Proletariats als Instrument zum Aufbau der sozialistischen Gesellschaft. Deshalb spielte der Anarchismus eine negative, hemmende Rolle in der Arbeiterbewegung.

Blanquismus (Blanquisten) – Strömung in der französischen sozialistischen Bewegung, an deren Spitze Louis-Auguste Blanqui (1805–1881) stand. Die Klassiker des Marxismus-Leninismus sahen in Blanqui einen hervorragenden Revolutionär und Streiter für den Sozialismus, kritisierten aber zugleich sein Sektierertum und seine verschwörerischen Methoden. In der Einleitung zu Marx' Schrift »Der Bürgerkrieg in Frankreich« schrieb Engels über die Blanquisten: »Großgezogen in der Schule der Verschwörung, zusammengehalten durch die ihr entsprechende straffe Disziplin, gingen sie von der Ansicht aus, daß eine verhältnismäßig kleine Zahl entschloßner, wohlorganisierter Männer imstande sei, in einem gegebnen günstigen Moment das Staatsruder nicht nur zu ergreifen, sondern auch durch Entfaltung großer, rücksichtsloser Energie so lange zu behaupten, bis es ihr gelungen, die Masse des Volks in die Revolution hineinzureißen und um die führende kleine Schar zu gruppieren« (MEW, Bd. 22, S. 197).

Duma – gesetzgebende »Vertretungskörperschaft« in Rußland mit begrenzten Rechten, die die zaristische Regierung 1906 unter dem revolutionären Druck der Massen einrichten mußte und die bis 1917 bestand. Mit Hilfe reaktionärer Wahlgesetze sicherte sich der Zarismus von vornherein eine Mehrheit von Gutsbesitzern, Kapitalisten, Geistlichen und hohen Beamten, während die Vertretung der Arbeiter und Bauern bis zum äußersten eingeschränkt war.

»Friedliche Erneuerer« – Mitglieder der »Partei der friedlichen Erneuerung«, einer konterrevolutionären Organisation der Großbourgeoisie und der Gutsbesitzer, die 1906 in Rußland gegründet wurde und linke Oktobristen (→ Oktobristen) und rechte Kadetten (→ Kadetten) vereinigte. Lenin nannte sie »Partei der friedlichen Ausplünderung«.

Kadetten – Mitglieder der Konstitutionell-Demokratischen Partei, der führenden Partei der liberal-monarchistischen Bourgeoisie in Rußland. Diese Partei wurde im Oktober 1905 gegründet; ihr gehörten Vertreter der Bourgeoisie, Semstwopolitiker aus den Kreisen der Gutsbesitzer und bürgerliche Intellektuelle an. Um die werktätigen Massen zu täuschen, nannte sie sich »Partei der Volksfreiheit«, in Wirklichkeit ging sie jedoch nicht über die Forderung der konstitutionellen Monarchie hinaus. Nach dem Sieg der Großen Sozialistischen Oktoberrevolution waren die Kadetten unversöhnliche Feinde der Sowjetmacht und beteiligten sich an den bewaffneten Aktionen und Feldzügen der Interventen und Weißgardisten. Später setzten sie in der Emigration ihre sowjetfeindliche konterrevolutionäre Tätigkeit fort.

Liquidatoren – Menschewiki, die sich nach der Niederlage der ersten russischen Revolution (1905–1907) zu einer rechtsopportunistischen Gruppierung innerhalb der SDAPR zusammengeschlossen hatten. Sie wollten die illegale revolutionäre Partei des Proletariats liquidieren und durch eine formlose Vereinigung auf dem Boden der Legalität ersetzen.

Oktobristen, Partei der Oktobristen (auch *Verband vom 17. Oktober*) – konterrevolutionäre Partei, die in Rußland nach dem Erlaß des Zarenmanifests vom 17. (30.) Oktober 1905 entstand. Sie vertrat die Interessen der Großbourgeoisie und der kapitalistisch wirtschaftenden Gutsbesitzer und unterstützte die Innen- und Außenpolitik der zaristischen Regierung vorbehaltlos.

Opportunismus – bürgerliche ideologische Strömung in der Arbeiterbewegung, die der Bourgeoisie bei ihren Versuchen dient, die Arbeiterklasse in das imperialistische Herrschaftssystem zu integrieren. Der Opportunismus leugnet die Notwendigkeit des Klassenkampfes, der revolutionären Beseitigung der kapitalistischen Gesellschaftsordnung unter Führung der Arbeiterklasse und ihrer Kampfpartei

und der Errichtung der Diktatur des Proletariats. Er bedeutet offene Abkehr vom Marxismus und ist in der bürgerlichen Weltanschauung verwurzelt. Seine politische Hauptfunktion ist die Spaltung der Arbeiterbewegung und die politisch-ideologische Bindung von Teilen der Arbeiterklasse an das kapitalistische System im Interesse der Aufrechterhaltung dieses Systems.
Mit dem Übergang des Kapitalismus in sein imperialistisches Stadium entstand in allen entwickelten kapitalistischen Staaten eine Arbeiteraristokratie und bildete die wichtigste soziale Grundlage des Opportunismus. Dessen materielle Grundlage ist der Monopolprofit. Das Wachstum der Arbeiterorganisationen Ende des 19. und Anfang des 20. Jahrhunderts verstärkte den Zustrom kleinbürgerlicher Elemente in die Arbeiterbewegung. Damit entstand eine Arbeiterbürokratie; ebenso wie die Arbeiteraristokratie gab sie den sozialen Nährboden für den Opportunismus ab.

Progressisten – politische Gruppierung der russischen liberalmonarchistischen Bourgeoisie, die bei den Wahlen zur Reichsduma und in der → Duma selbst bestrebt war, unter der Flagge der »Parteilosigkeit« Kräfte aus verschiedenen Parteien und Gruppen der Bourgeoisie und der Gutsbesitzer zu vereinigen.

Rat des vereinigten Adels – konterrevolutionäre Organisation der Gutsbesitzer, die im Mai 1906 in Rußland gegründet wurde. Sie übte großen Einfluß auf die Politik der Regierung aus. Während der III. Reichsduma (→ Schwarzhunderterduma) gehörten viele ihrer Mitglieder dem Reichsrat und den leitenden Zentren der → Schwarzhunderterorganisationen an.

Schwarzhunderter (Bund des russischen Volkes) – von der zaristischen Regierung gegründete Organisation, in der reaktionäre Gutsbesitzer, Kaufleute, Popen und halbkriminelle Elemente eine große Rolle spielten.

Schwarzhunderterduma – III. Reichsduma in Rußland (→ Duma), bestand von 1907 bis 1912; ihrer Klassennatur und der parteimäßigen Zusammensetzung nach eine Duma der → Schwarzhunderter und → Oktobristen.

Sozialrevolutionäre – kleinbürgerliche Partei in Rußland. Sie entstand Ende 1901/Anfang 1902 durch Vereinigung verschiedener → Volkstümlergruppen und -zirkel. Ihre Anschauungen bildeten eine eklektische Mischung von Ideen der Volkstümler und des Revisionismus; sie bemühten sich, nach einem Ausspruch Lenins, die »schadhaften Stellen in der Volkstümlerideologie ... mit den Flicken der in Mode gekommenen opportunistischen ›Kritik‹ des Marxismus auszubessern« (Werke, Bd. 9, S. 306). Während des ersten Weltkriegs standen die meisten Sozialrevolutionäre auf den Positionen des Sozialchauvinismus. Nach der Februarrevolution von 1917 bildeten sie gemeinsam mit den Menschewiki die Hauptstütze der konterrevolutionären Provisorischen Regierung der Bourgeoisie und der Gutsbesitzer, und ihre Führer (Kerenski, Awksentjew, Tschernow) traten in diese Regierung ein. Ende November 1917 bildete der linke Flügel die selbständige Partei der linken Sozialrevolutionäre. In dem Bestreben, sich ihren Einfluß unter den bäuerlichen Massen zu erhalten, erkannten sie die Sowjetmacht formell an, bald danach begannen sie jedoch, die Sowjetmacht zu bekämpfen.

Trudowiki – Gruppe kleinbürgerlicher Demokraten in der Reichsduma, die sich aus Bauern und Intellektuellen volkstümlerischer Richtung zusammensetzte. Die Fraktion der Trudowiki wurde im April 1906 von Bauernabgeordneten der I. Reichsduma gebildet. In der → Duma schwankten sie zwischen den → Kadetten und den Sozialdemokraten. Während des ersten Weltkriegs stand die Mehrheit auf den Positionen des Sozialchauvinismus. Nach der bürgerlich-demokratischen Februarrevolution unterstützten sie die bürgerliche Provisorische Regierung.

Volkssozialisten – Mitglieder der kleinbürgerlichen Volkssozialistischen Arbeitspartei in Rußland, die 1906 aus dem rechten Flügel der Partei der Sozialrevolutionäre hervorgegangen war und für einen Block mit den → Kadetten eintrat. Während des ersten Weltkriegs bezogen sie eine sozialchauvinistische Position. Nach der bürgerlich-demokratischen Februarrevolution verschmolz die Partei der Volkssozialisten mit den → Trudowiki. Sie unterstützte aktiv die bürgerliche Provisorische Regierung, indem sie Vertreter in diese Regierung entsandte.

Volkstümler – revolutionär-demokratische Bewegung gegen das zaristische System der Selbstherrschaft, die sich in den sechziger Jahren des 19. Jahrhunderts in Rußland entwickelt hatte. Ihre Hauptträger waren Intellektuelle und Studenten. Unter starkem Einfluß der Anschauungen Tschernyschewskis, Dobroljubows und Herzens erstrebten sie einen Sozialismus, der sich auf die bäuerliche Dorfgemeinde (Obschtschina) mit ihren Produktions- und Lebensformen stützte und für Rußland die kapitalistische Entwicklung ausschloß. Sie riefen die Bauern zum Kampf gegen die zaristische Selbstherrschaft auf. Zu diesem Zweck gingen sie in die Dörfer, »ins Volk«. Von daher stammt auch die Bezeichnung »Volkstümler«. In den siebziger Jahren begann sich die Volkstümlerbewegung unter dem Einfluß der idealistischen und eklektischen Theorien Bakunins, Lawrows und Michailowskis zu wandeln. Diese leugneten die Rolle der Volksmassen im Kampf um den gesellschaftlichen Fortschritt und vertraten die Auffassung, einzelne Persönlichkeiten bestimmten die Geschichte. Hiermit gingen anarchistische Tendenzen einher, die schließlich ihren Höhepunkt im Attentat auf den Zaren Alexander II. (1881) fanden. Lenin schrieb dazu in seinem Werk »Was sind die ›Volksfreunde‹ und wie kämpfen sie gegen die Sozialdemokraten?«, im damaligen Rußland habe sich »auch der alte russische Bauernsozialismus gespalten, der einerseits seinen Platz an den Arbeitersozialismus abtrat, anderseits zu einem kleinbürgerlichen trivialen Radikalismus entartete« (Werke, Bd. 1, S. 264). Zugleich entarteten die einstmals revolutionären Volkstümler zu einer reaktionären Bewegung, die zwar nicht leugnen konnte, daß sich auch in Rußland der Kapitalismus entwickelte, aber die Notwendigkeit des Klassenkampfes gegen die zaristische Selbstherrschaft und gegen die Bourgeoisie bis zur Eroberung der politischen Macht der Arbeiterklasse bestritt und bekämpfte. So stand die Ideologie der Volkstümler in den neunziger Jahren des vorigen Jahrhunderts schließlich in unversöhnlichem Gegensatz zum Marxismus.

»Wperjod«-Leute (Gruppe »Wperjod« [Vorwärts]) – parteifeindliche Gruppe in der SDAPR, die aus Anhängern der reaktionären idealistischen Philosophie von Mach und Avenarius bestand; sie war im Dezember 1909 auf Initiative Bogdanows und Alexinskis gegründet worden und besaß ein Presseorgan mit der gleichen Bezeichnung. Nach der Prager Parteikonferenz 1912 vereinigten sich die »Wperjod«-Leute mit den menschewistischen → Liquidatoren und Trotzkisten im Kampf gegen die Beschlüsse der Konferenz. Die Gruppe zerfiel 1913 und löste sich nach der Februarrevolution 1917 endgültig auf.

Zentrum (Partei der deutschen Katholiken) – bürgerlich-klerikale Partei, die von 1870 bis 1933 bestand, benannt nach der Sitzordnung der katholischen Fraktion des preußischen Abgeordnetenhauses. Sie entstand als Reaktion auf die Einigung Deutschlands unter Führung des protestantischen Preußen und die internationale Defensivstellung der katholischen Kirche durch den Verlust des Kirchenstaates 1870. Das Zentrum besaß eine starke Massenbasis unter den katholischen Kleinbürgern, Bauern und Arbeitern, während der führende Kern der Partei aus Vertretern des katholischen Klerus und des Großgrundbesitzes bestand. Mit der Entwicklung des Imperialismus wandelte sich die ursprünglich antipreußische Oppositionspartei zu einer seiner festen Stützen; ihre Führung ging mehr und mehr an die katholische Bourgeoisie über.

Philosophische und religiöse Strömungen und Begriffe

Agnostizismus – Bezeichnung für erkenntnistheoretische Lehren, die die Fähigkeit des Menschen zur Erkenntnis der objektiven Realität bezweifeln, einschränken oder völlig leugnen und die objektive Realität entweder für nur teilweise erkennbar oder überhaupt für unerkennbar halten. (→ Anm. 41.)

Altgläubige – Bezeichnung für alle Strömungen und Richtungen in Rußland, die die Kirchenreform des Patriarchen Nikon und die ihr nachfolgenden Umbildungen der Kirche nicht anerkannten (→ Raskol).

Atheismus – Gottlosigkeit; Bezeichnung für alle Weltanschauungen, die die Welt aus sich selbst erklären und daher den Glauben an einen Gott ablehnen.

Empiriokritizismus – subjektiv-idealistische philosophische Strömung in der Zeit vom Ausgang des 19. Jahrhunderts bis zum ersten Weltkrieg, die vor allem von deutschen und österreichischen Philosophen und Naturwissenschaftlern im Anschluß an die Philosophie Berkeleys und Humes entwickelt und vertreten wurde. Er ist eine Spielart des → Positivismus, seine wichtigsten Vertreter waren Avenarius, Mach, Kleinpeter, Ziehen. Seine Grundthese besagt, daß die gesamte objektive Realität nicht unabhängig und außerhalb vom Bewußtsein existiert, sondern aus Empfindungen und Empfindungskomplexen besteht.

Empirismus – Bezeichnung für erkenntnistheoretische Lehren, die den Ursprung aller Erkenntnis in der Erfahrung sehen und die Erkenntnis wesentlich auf Sinneserfahrung reduzieren. Er ist keine philosophische Grundrichtung, weil er verschiedene Antworten auf die Grundfrage der Philosophie zuläßt und sich dergestalt in einen materialistischen und einen idealistischen Empirismus teilt. Der materialistische Empirismus, der vor allem von Bacon, Hobbes, Locke, Holbach entwickelt wurde, sieht in der objektiven Realität die letzte Quelle der Erfahrung und in der Erkenntnis ein Abbild der objektiven Realität, während der idealistische, vor allem von Berkeley, Hume, Avenarius, Mach ausgebildet, die Erfahrung auf die Empfindungen beschränkt und diese für die objektive Realität erklärt.

Fideismus – philosophische Lehre, die den religiösen Glauben über die wissenschaftliche Erkenntnis stellt und die Wissenschaft zur Verteidigung des Glaubens benutzt. Da die meisten idealistischen Philosophien auf die Begründung eines religiösen Glaubens hinauslaufen, besitzen sie alle mehr oder weniger stark ausgeprägte Züge des Fideismus.

Gottbildnertum – eine dem Marxismus feindliche religiös-philosophische Strömung, die sich in der Periode der Reaktion unter einem Teil der Intellektuellen in der SDAPR, der nach der Niederlage der Revolution von 1905–1907 vom Marxismus abgefallen war, herausbildete. Die Gottbildner (Lunatscharski, Basarow u. a.) predigten die Schaffung einer neuen, »sozialistischen« Religion und suchten den Marxismus mit der Religion zu versöhnen. Eine Zeitlang stand ihnen auch Gorki nahe. Die Bolschewiki verurteilten das Gottbildnertum als Entstellung des wissenschaftlichen Sozialismus.

Immanenzphilosophie – dem → Empiriokritizismus nahe verwandte subjektiv-idealistische und agnostizistische philosophische Strömung innerhalb des → Positivismus in der Zeit vom Ende des 19. Jahrhunderts bis zum ersten Weltkrieg. Sie behauptet, alles Wirkliche könne nur als Bewußtseinsinhalt Gegenstand der Erkenntnis sein und existiere insofern auch nur als Bewußtseinsinhalt.

Jesuiten (Gesellschaft Jesu) – Orden der römisch-katholischen Kirche, der streng hierarchisch, nach militärischem Muster gegliedert ist und von einem auf Lebenszeit gewählten Ordensgeneral geleitet wird. Die Mitglieder sind einem ausgefeilten Schulungssystem unterworfen und zu unbedingtem Gehorsam gegenüber ihren Ordensobern und speziell gegenüber dem Papst verpflichtet. Mit den Jesuiten vollzog das katholische Ordenswesen die Anpassung an die sozialökonomischen, politischen und ideologischen Verhältnisse der Neuzeit. Ihre gegen die Reformation und Aufklärung, gegen alle Bestrebungen des fortschrittlichen Bürgertums gerichtete Tätigkeit machte die Jesuiten zum Prototyp eines gegenreformatorischen, konterrevolutionären Ordens.

Klerikalismus – reaktionäre, im Feudalismus entstandene politisch-ideologische Bewegung mit dem Ziel, die Oberherrschaft der Kirche über das politische und kulturelle Leben der Gesellschaft zu errichten.

Konzeptualismus – von einem Teil der katholischen und bürgerlichen Geschichtsschreibung der mittelalterlichen Philosophie gebrauchte Bezeichnung für den jüngeren → Nominalismus.

Kritizismus – von Kant eingeführte Bezeichnung für seine Erkenntnistheorie im Hinblick auf das von ihm geübte Verfahren der Prüfung der Bedingungen und der Voraussetzungen, des Umfangs und der Grenzen der Erkenntnis, das seiner Meinung nach der Ausarbeitung jedes philosophischen Systems, jeder Weltanschauung voranzugehen hat. Kant gebrauchte diese Bezeichnung vor allem zur Abgrenzung seiner Erkenntnistheorie gegenüber dem Dogmatismus (Rationalismus) und dem Skeptizismus (→ Empirismus).

Machismus – subjektiv-idealistische Richtung der bürgerlichen Philosophie, nach ihrem Begründer und Hauptvertreter Ernst Mach benannt; sie gehört zur Strömung des → Empiriokritizismus. Der Machismus drang zu Beginn dieses Jahrhunderts als philosophische Grundlage des Revisionismus in die Arbeiterbewegung ein, weshalb die Auseinandersetzung mit seinen Anschauungen zu einer wichtigen Aufgabe des ideologischen Klassenkampfes wurde.

Metaphysik – 1. idealistische Lehre vom Wesen des Seienden, das über die in den Sinnen gegebene Erfahrungswelt hinausgehen soll. In der Geschichte der vormarxistischen Philosophie und in religiös orientierten Richtungen der bürgerlichen Gegenwartsphilosophie (Neuthomismus) bedeutet sie die sogenannte erste Philosophie, das heißt eine Philosophie, die als eine Art philosophischer Grundwissenschaft die ersten und letzten Fragen alles Philosophierens (Gott, Seele, Unsterblichkeit) zum Gegenstand hat und den anderen philosophischen Disziplinen (Geschichts-, Naturphilosophie, Ethik usw.) über- und vorgeordnet ist.

2. die der dialektischen entgegengesetzte Denkweise (Methode). Charakteristische Züge dieser Denkweise sind Ignorieren oder mangelhaftes Beachten des universellen Zusammenhangs der Gegenstände und Erscheinungen, die Leugnung wirklicher Entwicklung, die zur Entstehung neuer Qualitäten führt, und die Leugnung der inneren Widersprüche in den Gegenständen und Erscheinungen als Triebkraft aller Entwicklung.

Mystik – ursprünglich Bezeichnung religiöser, auch religiös-politischer Geheimlehren, die in bestimmte kultische Feierlichkeiten, Übungen, Gebräuche und Symbole gehüllt waren. Im engeren Sinne versteht man darunter eine spezifische Form oder Richtung der Religion, genauer: des religiösen Erlebens, der Frömmigkeit, die durch Abkehr von der Sinnenwelt und durch Versenkung in das Innere, Seelische bzw. – mit Hilfe bestimmter kultischer Mittel – die Herbeiführung entsprechender seelischer Erlebnisse oder physisch-psychischer Erregungszustände (Extase) anstrebt, um auf diese Weise die Vereinigung, das Einswerden des Seelischen mit dem Göttlichen zu verwirklichen und als unmittelbares Erlebnis zu erfahren. Die Vereinigung mit dem Göttlichen, dem göttlichen Wesen, der Gottheit, die unio mystica ist ein grundlegender Wesenszug und das Ziel aller Mystik.

Neukantianismus – Bezeichnung für eine breite und einflußreiche Strömung der deutschen bürgerlichen Philosophie Ende des 19. und Anfang des 20. Jahrhunderts, die an die Philosophie Kants anknüpft. Sie wurde in kurzer Zeit zur vorherrschenden akademischen Philosophie in Deutschland. Der Rückgang und die Berufung auf Kant hatte durchaus keine einheitliche philosophische Auffassung zur Folge, vielmehr zerfiel der Neukantianismus in verschiedene Schulen, von denen die Marburger und die Südwestdeutsche oder Badische die bedeutendsten waren. Für beide ist charakteristisch, daß sie das mit dem »Ding an sich« in der Philosophie Kants gegebene materialistische Moment beseitigten und es subjektiv-idealistisch interpretierten.

Nominalismus – Bezeichnung für eine progressive Strömung der mittelalterlichen Philosophie, eine oppositionelle Hauptströmung innerhalb der → Scholastik, deren gesellschaftlicher Träger die sich in den mittelalterlichen Städten herausbildenden frühbürgerlichen Elemente waren. Seine Grundthese besagt, daß dem Allgemeinen keine Realität (Wirklichkeit) zukommt, daß nur Einzelnes, Individuelles existiert und daß die Allgemeinbegriffe nur Namen nach den konkreten Dingen sind, das heißt durch Abstraktion aus diesen gewonnen werden. Das entscheidende Neue und wirklich Vorwärtsweisende daran war die uneingeschränkte Betonung des Einzelnen, Individuellen. Der Nominalismus bedeutete einen Angriff auf die Grundlagen der theologisch-idealistischen Philosophie, weil er zur Verwerfung der Ideen des »göttlichen« Denkens führte und auch die Kirche als alleinigen Vermittler des »göttlichen« Wissens in Frage stellte.

Orthodoxe Kirche – Gesamtheit derjenigen Kirchen in Osteuropa und im Vorderen Orient, die sich seit der Frühzeit selbständig in Organisation, Lehre und Kult entwickelt und 1054 endgültig von der römisch-katholischen Kirche getrennt haben. Wegen ihres Hervorgehens aus dem griechisch sprechenden Kulturgebiet von Byzanz und wegen ihres Anspruchs, die rechtgläubige Wahrerin urchristlicher Überlieferung zu sein, wird sie griechisch-orthodoxe Kirche genannt. Sie ist nicht wie die katholische Kirche zentral organisiert, sondern besteht aus einzelnen, durch die Einheit des Dogmas und des Kults miteinander verbundenen Patriarchaten und Landeskirchen. Die bedeutendste ist die russische, an deren Spitze der Patriarch von Moskau und ganz Rußland steht.

Phänomenalismus – Bezeichnung für erkenntnistheoretische Lehren, die die menschliche Erkenntnis auf das unmittelbar sinnlich Gegebene (die Welt der Erscheinungen bzw. Phänomene) einschränken, wobei ein Wesen dieses sinnlich Gegebenen entweder geleugnet oder vorausgesetzt, jedoch für unerkennbar erklärt wird. Die Phänomenalisten zeichnen sich durch außerordentliche Vielfalt der erkenntnistheoretischen Standpunkte aus; sie reichen vom subjektiven Idealismus bis zum Sensualismus, → Agnostizismus und gemäßigten → Positivismus (gemäßigten Phänomenalismus).

Positivismus – Bezeichnung für eine subjektiv-idealistische Strömung der bürgerlichen Philosophie im 19. und 20. Jahrhundert, die ihren Namen davon herleitet, daß sie von dem »positiv Gegebenen«, von den »positiven Tatsachen« ausgehen will. Seine Vertreter verstehen allerdings unter »Positivem« und »Gegebenem« die Empfindungen und Wahrnehmungen im menschlichen Bewußtsein, so daß nach ihrer Auffassung die Welt keine objektiv-reale Existenz hat. Der Positivismus hat drei Entwicklungsetappen durchlaufen. Der ältere, von dem französischen Philosophen Comte begründet, forderte, vom »Positiven« auszugehen und die Frage nach dem Wesen der Erscheinung als nutzlos beiseite zu lassen. Der mittlere entwickelte sich vor allem in der Zeit vom Ausgang des 19. Jahrhunderts bis zum ersten Weltkrieg in Gestalt des → Empiriokritizismus und der → Immanenzphilosophie. Der neuere oder Neupositivismus entstand in den zwanziger und dreißiger Jahren des 20. Jahrhunderts und gewann bedeutenden Einfluß auf das theoretische Denken in der Naturwissenschaft; er hält – vor allem im angloamerikanischen Sprachgebiet – noch heute an. Die Neupositivisten gelangten zu der

Auffassung, die Philosophie sei keine Wissenschaft mit eigenem Gegenstand, sondern habe die Aufgabe, eine logische Analyse der Sprache vorzunehmen.

Pragmatismus – Bezeichnung für eine subjektiv-idealistische Strömung der bürgerlichen Gegenwartsphilosophie, die besonders in den USA verbreitet ist. Im Mittelpunkt ihrer theoretischen Auffassungen steht die These, unsere Vorstellungen, Begriffe, Aussagen vermittelten keine Abbilder der objektiven Realität, sondern seien Regeln für das praktische Verhalten. Wahrheit liege demnach nicht in der Übereinstimmung der Aussagen mit dem objektiven Sachverhalt, sondern allein im praktischen Nutzen, im Erfolg. Die Folge davon ist ein völliger Relativismus, der geeignet ist, alle Auffassungen und praktischen Handlungen zu rechtfertigen, die sich im Leben bewähren, Erfolg haben, Nutzen bringen.

Raskol – russisches Wort für die Spaltung, die Mitte des 17. Jahrhunderts in der russischen rechtgläubigen Kirche stattfand. Äußerer Anlaß waren die 1653–1656 vom Patriarchen Nikon eingeführten Reformen (Korrektur der für den Gottesdienst verwendeten Bücher, Vereinheitlichung der Liturgie usw.), die auf die Festigung der feudalen kirchlichen Organisation gerichtet waren. Die Anhänger Nikons bildeten die sogenannte nikonianische Richtung, die die offizielle Kirche vertrat und die Unterstützung der Staatsmacht genoß. Die Gegner der Reformen in der niederen Geistlichkeit sowie in der Stadt- und Landbevölkerung, die den »alten« Glauben verteidigten, erhielten die Bezeichnung Raskolniki oder → Altgläubige. In ihrer Gegnerschaft fand der Protest der Volksmassen gegen die Verschärfung des Feudaljochs Ausdruck.

Scholastik – Bezeichnung für die theologisch-philosophische Lehre der katholischen Kirche des Mittelalters. Ihr Hauptanliegen bestand darin, die überlieferten Glaubensdogmen der katholischen Religion vernunftmäßig zu begründen, um sie dem Verstand einsichtiger zu machen. Ihrem Inhalt nach ist sie eine objektiv-idealistische Philosophie, die mit der ebenso idealistischen Theologie zu einer Einheit verschmolzen ist, und zugleich eine theoretische Begründung der feudalen Hierarchie, von der die kirchliche Hierarchie ein organischer Bestandteil war.

Skeptizismus – Bezeichnung für eine philosophische Auffassung und Haltung, die Zweifel an der Erkennbarkeit der Welt hegt; in seiner konsequentesten Form wird er zum → Agnostizismus und zum Nihilismus. In der Geschichte der Philosophie hat er, je nach seinem Klasseninhalt und seinen konkret-historischen Existenzbedingungen, eine unterschiedliche Rolle gespielt. Er entstand in der antiken griechischen Philosophie als Element und Widerspiegelung der Krise und des Verfalls der Sklavenhaltergesellschaft. Im 16. Jahrhundert spielte er eine progressive Rolle, weil er die dogmatische philosophisch-theologische Weltanschauung des Feudalismus zerstörte und dem neuen bürgerlichen Denken Bahn brach. In der Gegenwart ist er ein verbreitetes Element der bürgerlichen Philosophie, das den Verfall des spätbürgerlichen Denkens ausdrückt.

Subjektivismus – Bezeichnung für eine theoretische Auffassung und praktische Haltung, die das Subjekt und seine Aktivität verabsolutiert und dadurch die objektive Beschaffenheit und Gesetzmäßigkeit der materiellen Welt teilweise oder völlig ignoriert.

Synod – Heiliger Synod, die in Rußland 1721 von Peter dem Großen errichtete, bis zur Oktoberrevolution 1917 an der Spitze der russischen Kirche stehende oberste kirchliche Verwaltungsbehörde. Sie bestand aus zwölf vom Zaren ernannten geistlichen und weltlichen Mitgliedern (Hierarchen) und dem Oberprokuror (→ Anm. 22), dem Vertreter des Zaren, der das eigentliche Oberhaupt der Kirche war.

Theismus – Bezeichnung für die theoretisch-philosophische Lehre von einem Gott (Mono-Theismus) oder mehreren Göttern (Poly-Theismus), die als überweltliche, übernatürliche Personen, als Schöpfer der Welt und Lenker des Weltgeschehens vorgestellt werden. Zum Unterschied vom Deismus behauptet der Theismus das unmittelbare Eingreifen Gottes in alle Weltereignisse. Er ist eine phantastische, illusorische und zugleich entfremdete Widerspiegelung des Menschen und des menschlichen Wesens.

Tolstoianertum – ethisch-religiöse Lehre Lew Tolstois, Ausdruck seiner Kritik an den ökonomischen, sozialen, staatlichen und kirchlichen Verhältnissen in Rußland, besonders an der Verelendung der Bauern durch die rasch fortschreitende Entwicklung des Kapitalismus. Er vermochte nicht zu erkennen, daß diese Verhältnisse nur durch revolutionären Kampf zu verändern waren. Mit seiner Lehre predigte er deshalb »Verzicht auf gewaltsamen Widerstand gegen das Böse« und christliche Nächstenliebe als Mittel zur Veränderung der Verhältnisse. Sie fand in ganz Europa viele Anhänger und führte in Rußland zur Bildung einer religiösen Sekte der Tolstoianer.

Verzeichnis der Zeitungen und Zeitschriften

Deutsch-Französische Jahrbücher – Zeitschrift, die unter der Redaktion von Karl Marx und Arnold Ruge in deutscher Sprache in Paris herausgegeben wurde, Februar 1844, 1 Doppelheft

Ekonomist (Der Ökonom) – Zeitschrift der industrieökonomischen Abteilung der Russischen Technischen Gesellschaft, Petrograd, 1921–1922

Golos Moskwy (Die Stimme Moskaus) – Tageszeitung, Organ der Oktobristen, Moskau, 1906–1915

Narodnaja Wolja (Der Volkswille) – Zeitung, illegales Organ der geheimen Gesellschaft der revolutionären Volkstümler gleichen Namens, Petersburg, 1879–1885

Nowaja Rabotschaja Gaseta (Neue Arbeiterzeitung) – Tageszeitung der menschewistischen Liquidatoren, Petersburg, 1913–1914

Obrasowanije (Die Bildung) – legale literarische, populärwissenschaftliche und sozialpolitische Monatsschrift; von 1902 bis 1908 veröffentlichte die Zeitschrift Artikel von Sozialdemokraten, Petersburg, 1892–1909

Pod Snamenem Marxisma (Unter dem Banner des Marxismus) – Monatsschrift für Philosophie, Ökonomie und Politik, Moskau, 1922–1944

Prawda (Die Wahrheit) – legale bolschewistische Tageszeitung, Petersburg, 22. April (5. Mai) 1912–5. (18.) Juli 1913, danach bis 8. (21.) Juli 1914 unter den verschiedensten Titeln und ab 5. (18.) März 1917 als Zentralorgan der SDAPR wieder unter dem ursprünglichen Titel »Prawda«

Proletari (Der Proletarier) – illegale bolschewistische Wochenzeitung, Zentralorgan der SDAPR, Mai–November 1905

Retsch (Die Rede), auch *Nasch Wek* (Unser Jahrhundert) – Tageszeitung, Zentralorgan der Kadettenpartei, Petersburg, 1906–1918

Russkaja Mysl (Der russische Gedanke) – Monatsschrift für Literatur und Politik liberal-volkstümlerischer Richtung, nach der Revolution von 1905 bis 1907 Organ des rechten Flügels der Kadettenpartei, Moskau, 1880–1918

Sagranitschnaja Gaseta (Gazette Étrangère) (Auslandszeitung) – Wochenschrift einer Gruppe russischer Emigranten, Genf, März bis April 1908

Namenverzeichnis

Inhalt

Abbildungen